2017年首届前哨大会

2018年美国拉斯维加斯国际消费类电子产品展览会（CES）考察

2019年CES现场（拜腾CEO戴雷博士、何帆、刘润）

2023年AI创业活动

2023年与被投公司WitriCity前CEO合照

2024年CES对谈万维钢

2024年CES考察

2024年前哨大会

考察低空飞行器

GTC2025现场机器人

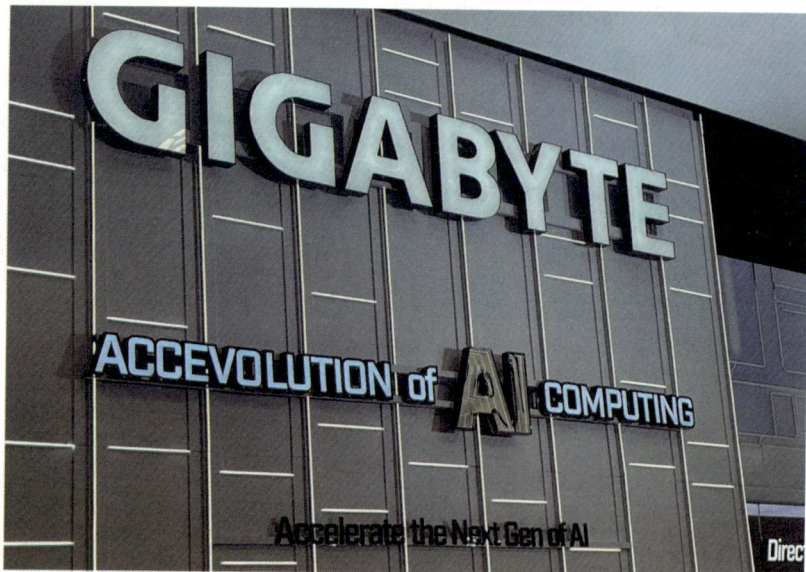

英伟达CES现场标语

蓝狮子·大师思想 ⑤

马斯克逻辑

科技浪潮的律动与走向

王煜全 著

中国友谊出版公司

图书在版编目（CIP）数据

马斯克逻辑：科技浪潮的律动与走向 / 王煜全著.
北京：中国友谊出版公司，2025. 10. -- ISBN 978-7
-5057-6151-3

Ⅰ. F279.712.3

中国国家版本馆 CIP 数据核字第 2025854L6A 号

书名	马斯克逻辑：科技浪潮的律动与走向
作者	王煜全
出版	中国友谊出版公司
策划	杭州蓝狮子文化创意股份有限公司
发行	杭州飞阅图书有限公司
经销	新华书店
制版	杭州真凯文化艺术有限公司
印刷	杭州钱江彩色印务有限公司
规格	880 毫米 × 1230 毫米　32 开
	8.5 印张　131 千字
版次	2025 年 10 月第 1 版
印次	2025 年 10 月第 1 次印刷
书号	ISBN 978-7-5057-6151-3
定价	68.00 元
地址	北京市朝阳区西坝河南里 17 号楼
邮编	100028
电话	（010）64678009

马斯克的时代，也是我们的时代

在风云变幻的时代浪潮中，总有一些人如
同灯塔般耀眼。他们引领着技术变革，重塑着
产业格局。埃隆·马斯克无疑是其中颇为引人
注目的一位。他横跨互联网、能源、航天等多
个领域，以其颠覆性的创新思维和不懈的探索
精神，一次次挑战既有的边界，引发了我们对
科技、商业和社会未来的无限遐想。然而，当
我们将目光聚焦于他个人的传奇之时，也常常
会忽略那些更为深层、更为宏大的力量，它们

才是驱动创新涌现、塑造时代英雄的关键。

本书并非马斯克的传记，也无意复述其广泛流传的生平事迹。本书试图超越个人崇拜的视角，站在人类历史发展的轨迹上解读马斯克成功背后的科技、产业规律，为每一个身处变革浪潮中的人提供前瞻性思考和行动指南。

我们为何如此关注马斯克？原因不仅在于他的财富和影响力，还在于他身上所体现的科技企业家精神，这种精神引领着技术进步，也重塑着人与科技之间的关系。如同工业革命时期的詹姆斯·瓦特和亨利·福特，马斯克也处于一个关键的时代转折点，他涉足的互联网、人工智能、新能源等领域，正经历着前所未有的技术爆发。他的经历，恰如一面棱镜，折射出了时代变革的光芒，也揭示了科技创新成功的内在逻辑。

马斯克的成功并非偶然，而是时代趋势、产业机遇以及个人能力综合作用的结果。从互联网到新能源，再到商业航天，马斯克的商业布局都是基于他对科技潮流和产业趋势的深刻洞察。而他为技术量产所付出的巨大努力，也证明了性能调优在技术大规模应用中的关键性作用。

这是我们每个人的时代。我们能从马斯克的成功中学到什么？作为个体，又应该如何适应这个充满变革的时代？对这些问题的思考，是我们解读马斯克的最终落脚点。

写上面这段话的时候，马斯克因为帮助特朗普赢得第二个总统任期而被任命为政府效率部的负责人之一。他个人的财富因为特斯拉市值的飙升而大增。他对 X（前身为 Twitter）的掌控也让他拥有了巨大的社会影响力，借助这种影响力，马斯克以一种从未有过的姿态进入了公众和政治领域。

在技术洪流滚滚而来的今天，我们需要做的不仅仅是适应，还要把握方向，引领潮流。本书对马斯克创业历程的深入解读，能够帮助你打破固有的思维模式，掌握前瞻性思考方法，并找到属于自己的创新路径。

06

SpaceX 的成功

07

那些不被提及的故事

第三部分　**科技创新的实践**
——马斯克的商业布局

08

OpenAI 与 xAI：
马斯克的 AI 布局

第一部分

科技创新的体系

——时势造英雄还是英雄造时势

01

理解科技革命的本质：
马斯克为什么能成为超级富豪

天时、地利、人和：马斯克成功的终极奥义

本书将从三个层面剖析马斯克的成败经验，并解读科技创新的规律与法则。

首先，审视科技创新的宏观背景。这部分将揭示马斯克是如何在所处的环境中奋斗并取得成功的。

其次，深入探讨具体的案例。马斯克的创业历程极为丰富且成功率极高，从中可以总结出一些成功的规律。

最后是个人总结，讨论我们能从马斯克的经历中学到什么。

我不想以马斯克的生平作为开篇，因为著名传记作家沃尔特·艾萨克森在《埃隆·马斯克传》中已经对此进行了详尽的阐述。希望本书能带来比《埃隆·马斯克传》更深入的解读。

除了《埃隆·马斯克传》，沃尔特·艾萨克森还撰写了《史蒂夫·乔布斯传》。在这两本书中，作者都提到了"现实扭曲力场"这一概念。他认为，当代成功的企业家通常拥有强大的精神力量，能够使他人信服他们的信念，即便这些信念并非完全正确，而且他们会激励大家共同朝着一个方向努力。但这只是成功的必要条件，而非充分条件。

马斯克的父亲埃罗尔·马斯克与埃隆·马斯克的性格极为相似，但他一生默默无闻。两者之间最大的区别在于，马斯克进入了全球创新的核心地带。马斯克从硅谷起步，开始了他的创业之旅，从互联网到电动汽车，他正好赶上了科技创新不断涌现的时代。实际上，创新需要天时、地利、人和的结合，单凭"人"的因素是不足以成功的。

大多数人分析马斯克或其他科技企业家的成功时，往往倾向于从个人特质的角度寻找答案。但这种分析并不全面。我希望基于更广阔的视角，帮助大家理解马斯克为何能在当代取得如此大的成就。

因此，本书的第一部分将分析科技创新成功的逻辑，即天时、地利、人和。

首先是天时。它指的是世界发展的内在规律和时代趋势。世界发展的核心动力源自科技，要成为时代的弄潮儿，就必须洞察潮流的动向。

其次是地利。这里的"地"指的是前沿产业。地利意味着要把握前沿产业的动向，即潮流的特征。

科技能够更早地影响某些产业，给这些产业带来更深刻的变革和更多的发展机会。相反，有些产业则相对滞后，它们的发展机会尚未到来。因此，我们需要了解哪些产业正处于时代的风口上，然后才能把握时机。

马斯克的非凡之处在于，他的每次创业几乎都抓住了产业时机。这归功于他能够判断地利，即能判断何时一个新的机会会降临到哪个产业领域——注意，是产业领域，而非地缘的概念。

如果我们把竞争比作球赛，那么过去地缘式的竞争就好比以国家为单位参与的球赛。但是现在国家队变成了俱乐部。俱乐部成员可以来自五湖四海，出于一个共同的信念而效力于同一支球队。所以过去的地缘式竞争逐渐变成了现在的产缘式竞争，这就是地利。

第三是人和。所谓人和，不仅仅包括领袖的个人能力，还包括如何将周围的人团结起来，共同实现目标。

西方强调开放而非人际关系。但有趣的是，在马斯克的创业中，我们可以感受到非常浓厚的人际关系色彩。早期他就和自己的亲兄弟一起创业，后来再创业时是和自己的表兄弟，再后来是和自己的老朋友一起创业。

贝宝（PayPal）作为马斯克早期创业成功的公司，其创始团队中出现了许多日后成就斐然的人物，比如彼得·蒂尔和里德·霍夫曼。这些人曾经都是和马斯克并肩作战的兄弟。他们甚至给自己的团队起了个名字——"PayPal黑帮"。

当然，并肩作战的团队也会出现许多冲突，但马斯克对冲突的容忍度很高。这里面有文化的原因，我们中国讲和而不同，但是西方认为当面的冲突是可以接受的。另外，《埃隆·马斯克传》里提到马斯克是在南非长大的。在他成长的那个时代，南非充满了动荡。这可能也是马斯克对冲突的容忍度高的一个原因。

这其实也是创新非常重要的一点。创新需要包容，创新需要允许冲突，甚至要学会如何与他人进行理性的冲突。

所以，成功需要天时、地利、人和。

公众对工业革命的两大误读

如前所述，马斯克与他的父亲埃罗尔·马斯克在性格上极为相似，在他们的身上，都能看到童真和创造力。他们常常随心所欲地行事，甚至在某些方面，他的父亲表现得更为极致。

有一次，埃罗尔驾车经过南非的一个农场时，注意到农场主立了一块广告牌，上面写着一架飞机待售。尽管囊中羞涩，他却运用各种策略说服农场主，最终用自己的车换了那架飞机。然而，他并不会驾驶飞机，所以他雇用了一名飞行员，把飞机开回了家。可以想见，这位父亲能做出怎样不同寻常的事情。

我们不妨设想，如果马斯克的父亲生活在马斯克这样的创业环境中，他或许会取得更加辉煌的成就。遗憾的是，他并没有这样的机会。因此，环境对于塑造成功的企业家至关重要。

自工业革命以来，科技企业家一直是推动世界发展的领军人物。提及工业革命，人们往往会想到瓦特，认为是他发明了蒸汽机。然而，这里存在两个误区。

首先，蒸汽机并非瓦特发明的。早期的蒸汽机，即纽可门蒸汽机，已被广泛使用。但这种蒸汽机笨重且效率低下，仅适用于固定场所，无法满足工厂持续动力或火车轮船移动动力的需求。瓦特通过几次关键性的改进，使人类进入了"蒸汽时代"。

其次，瓦特作为工程师改进了技术不假，但他的合伙人马修·博尔顿才是瓦特蒸汽机成功商业化的幕后推手。博尔顿并不是瓦特的第一位合伙人。1772年，支持瓦特研发技术的企业家约翰·罗巴克，因为工厂倒闭陷入债务危机，罗巴克只好用与瓦特合作的专利抵押，清偿与博尔顿之间的债务。

博尔顿对瓦特的技术非常感兴趣，继续支持瓦特的研发，并于1775年和瓦特共同成立了博尔顿-瓦特公司（Boulton and Watt）。

博尔顿不仅投资瓦特的蒸汽机研发，还帮助瓦特将技术专利期从1769年延长到1799年，还参与开创了"特许经营"的商业模式，即向其他企业授权使用他们的蒸汽机技术，收取特许权费用。这种模式在今天依旧非常流行，而在当时却是一种创新的商业实践。

1795年，在博尔顿的支持下，斯梅西克的索霍铸造厂（Soho Foundry）建成，这也是第一个为专门生产蒸汽机而建造的工厂。可以说，博尔顿的商业头脑与瓦特的工程天赋相辅相成，共同推动了蒸汽机在各个行业的广泛应用。

18世纪末，许多企业处于一、二代交接班的时期，传承的任务不仅仅在于将企业传给自己的子女，还包括将合作伙伴关系传递给下一代，甚至让后代继续合作。这些故事都充满了趣味。

成功者的共性：第一个实现规模应用的模式创新者

科技本身不会推动社会发展，真正推动社会发展的是科技应用的普及。人人都运用科技的时候，效率提升了，能力就延伸了，社会也就进步了。

工业革命最大的特点就是实现了规模化生产。规模化生产需要动力。这个动力来源被普遍认为是蒸汽机。事实上，瓦特蒸汽机只生产了500台，而且完全是手工制造，没有实现规模化的工业化生产。

而在全球还有另一种说法，认为工业革命之父是理查德·阿克莱特。他也改进过蒸汽机，但他并不是像瓦特一样，在原有蒸汽机上做效率提升，而是把蒸汽机改造为适合工厂使用的机器。而阿克莱特利用复杂机械将纺织流程全部自动化，形成了连续化、系统化、自动化的生产。

从本质上说，瓦特只生产了一个技术产品，瓦特蒸汽机的贡献主要在两个领域：火车和轮船。但是它只是整个自动化生产流程当中的一个环节。而阿克莱特实现了规模化生产，这才是工业革命的本质。

在18世纪，英国的纺织业仍然以家庭作坊为主，效率低下，高度依赖手工劳动。

1768年，阿克莱特与钟表匠约翰·凯研发优化了水力纺纱机（water frame），这款机器采用木制和金属圆柱代替人手，生产绞合纱线（最初仅用于经纱），大幅降低了棉纺成本，此后又改进实现连续纺纱，为大规模生产奠定了基础。

不过这仍然不是阿克莱特最大的贡献，他最大的贡献是将这些机器整合到了一个完整的生产体系中。1771年，阿克莱特在克罗姆福德建造了世界上第一座水力纺纱工厂，这座工厂集梳棉和纺纱于一体，雇用了200名工人。这座工厂的诞生标志着从家庭手工业向工厂化生产的转变。

由于阿克莱特的纺纱机操作简单，当地人无须培训就能上手，更多人参与纺纱、更大的产量、更低的成本，让阿克莱特的纱线在市场上极具竞争力。5年之后，当地就扩建了第二座工厂，镇上的居民已经无法满足劳动力需求，为此阿克莱特开始招募外地工人，在工厂附近建造小屋供他们居住，甚至还造了一家酒吧，满足工人的日常需求。

这些工人住宅成为"世界上首个工厂住宅区"，也成为人类社会全新的协作模式。

工业革命带来了一种崭新的致富模式。

工业革命以前，大家是靠武力、坚船利炮抢夺财富、资源以及地位，因为这些资源往往已经为人所有，只能到别人的地盘去抢。这也是为什么工业革命以前的世界战乱不断。

工业革命之后，全世界范围的战争越来越少，因为大家发现了一个更好的致富办法，就是利用规模化生产大大提高商品的产量，让这些商品可以出售给更多的人，这样就可以从每个人身上赚一点小钱。

总而言之，工业革命的本质在于规模化的生产和规模化的市场覆盖，让用户实现规模化的消费。当用户实现规模化消费的时候，人人都用上了先进科技，社会自然就进步了。

事实上，把工业革命的本质发挥到淋漓尽致的人，不是阿克莱特，而是亨利·福特。因为他开发出了世界上第一条流水线。流水线使得像汽车这样复杂的产品都能够被规模化制造。而这些产品一旦实现规模化生产，成本和价格就会大大降低。

很多人认为中国产品价格低廉是因为使用了廉价劳动力。其实这和福特当年的做法是同样的原理。这一原理被称为莱特定律，即当生产规模扩大到以前的2倍的时候，成本会降到以前的85%，甚至80%，如果再扩大2倍，又会随之下降。如果扩大到10倍，就是以前的1/4甚至更低。

所以中国的做法是，用最大的生产规模给世界供应商品，从而在保证质量的同时维持低价。

工业革命的流水线作业带来的是规模化生产和高水平、高质量的产品。福特汽车公司批量生产的车，比很多手攒的轿车质量要高，价格上又很优惠。

有多优惠呢？今天，特斯拉旗下的车型相对比较低的就是Model 3，在美国售价约2万美元。而在100多年以前，福特汽车公司实现流水线生产后最早推出的Model T价格在950美元左右，还不到现在的1万美元。随着福特汽车公司进一步实现规模化生产和电气化的流水线生产，Model T的价格一度在1916年降到了360美元，相当于当时一个工人三个月的薪水。对比现在，一个普通人三个月的薪水可能很难买到一辆比较好的汽车。所以我们今天仍需要继续沿着前人探索出来的成功之路往前走。

马克·吐温说过："历史不会简单地重复，但是会押着相同的韵脚。"

在工业革命以后，成功的规律变了，但这个规律并不是永恒的。

福特造车和马斯克造车其实并不是同一回事。前者造的是机械动力汽车，后者造的是电动汽车。但是两者的成功有着非常相似的内在规律。

福特在20世纪初期的成功，并不在于汽车本身，而在于他开创了现代汽车工业的先河。

福特并没有发明汽车，卡尔·本茨等人在此之前已经制造出了内燃机汽车，但这些汽车产量有限，价格高昂，只能供少数富人享用。

福特真正的革命性贡献在于，他将流水线生产模式引入汽车制造业。1913年，福特建立了第一条完整的汽车装配线，这一创新使得汽车的生产效率大幅提升，让一辆车的生产周期从原来的700小时缩短到12.5小时，巅峰时期甚至能做到10秒下线一辆车。

在这样规模化生产能力的支持下，福特T型车的售价降到了260美元，让原本是奢侈品的汽车成为大众商品，福特汽车公司也因此获得了千万级别的销售成绩。

这种大规模、低成本、标准化生产的模式，是福特汽车公司成功的关键，同时也成了现代工业生产的典范。

特斯拉的崛起也有相似之处。马斯克并非电动汽车技术的发明者，早在19世纪末20世纪初，就已经出现了电动汽车，但受限于技术和成本等因素，并未能得到广泛应用。

马斯克的贡献在于，他将电动汽车这款"小众"产品推向了"主流"市场，通过一体压铸、生产流程改造、超充网络建设，让电动车从昂贵的富人玩具，变成主流用户都能购买的日常消费品，完成了又一场规模化生产变革。

历史的转折出现过若干次，如果我们回溯一下历史，去看以前完整的一个周期或转折，我们就会知道转折前、转折后出现了什么，从而根据历史的"韵脚"去推导转折之后的发展趋势。

解读马斯克，是为了看懂历史的大规律和个人成功的小规律。但是这并不意味着我们应该重复做马斯克的事，因为历史不会简单重复。

我们要做的是掌握规律，走出自己的成功之路。这条成功之路和马斯克的成功之路押着同样的韵脚，这韵脚就是成功的内在规律。

在规模化中寻找差异化优势

"天时"的内在规律就是要实现规模化。但在规模化之外，我们还需要创新。福特汽车公司实现规模化生产后，汽车进了寻常百姓家，同一时期，还有另一家汽车公司脱颖而出，跟福特汽车公司分庭抗礼，那就是通用汽车公司。

为什么通用汽车公司能跟福特汽车公司竞争？原因很简单：用户的需求是差异化的。

福特汽车公司的T型车车型各不相同，有运货的车、救护车、私家轿车，但底盘都是一样的，所以还是相对单调。而通用汽车公司的思路则是在同样规模化生产的情况下，寻找差异化，从而满足人们不同的需求。

20世纪20年代早期，通用汽车公司完成大量品牌收购，旗下拥有雪佛兰（Chevrolet）、别克（Buick）、庞蒂亚克（Pontiac）、奥兹莫比尔（Oldsmobile）、凯迪拉克（Cadillac）等品牌。

然而这一时期管理层经营不善，各品牌之间缺乏有效的协同，产品重复、质量参差不齐，加上资金短缺，公司濒临破产。

艾尔弗雷德·斯隆临危受命，出任通用汽车公司的总裁。他对通用汽车公司进行了大刀阔斧的改革，通过外部融资解决了资金问题，又对通用汽车公司的产品策略进行了改革，明确了各个品牌的定位和受众，还引入了"年度车型"的概念，鼓励各品牌每年对汽车进行改进和创新，从而吸引消费者的眼球，刺激其购买欲望。

随着福特汽车公司的T型车越卖越多，用户对汽车的差异化需求越发强烈，通用汽车公司的多品牌策略展现出威力。

雪佛兰面向大众市场，提供经济实惠的汽车；别克瞄准中产阶级，主打舒适豪华；凯迪拉克则定位高端市场，突出尊贵品质。这种多品牌战略让通用汽车能满足不同阶层消费者的需求，从而扩大了市场份额，最终超越了以单一车型为主的福特汽车。

科技发展总是这样，当一项需求被满足后，又会有新的需求出现。当你满足了一项需求，这项需求就不再是竞争的焦点。此时，竞争焦点会前移。就像战场上，攻下一个阵地以后炮火要前移，士兵再往前冲，向纵深发展。

科技产业也是如此，我们认为全世界的产业都会被科技覆盖。我们需要探讨科技前沿，因为那会是竞争的焦点，会塑造下一代企业家，也会带来最大利益。

了解现代科技前沿的基本规律

当下的科技前沿到底是什么？

过去，科技前沿是规模制造，是实体产品的生产。而现在科技前沿是数字制造，是虚拟产品的生产。虚拟产品有一个好处，即容易复制。

马斯克曾经的"战友"彼得·蒂尔出版过一本畅销书《从0到1：开启商业与未来的秘密》。在书里，他讲到一个基本原理：数字产品的生成要经历从0到1的研发过程，而产品一旦生成，完成从1到100万的复制，边际成本趋近于0。

现在看来，这个原理在实战中是不成立的。

过去，互联网成本相对较低，公域流量、私域流量都是免费的，流量经济下，大家只需要各凭本事抓住红利。

现在这个规律发生了变化，因为流量成本在迅速上升。

进入云计算的时代，要提供强大的数字产品，甚至要在网络上提供人工智能产品，都需要访问ChatGPT、文心一言这些大语言模型，而这些大语言模型运行起来成本相当高，就算平摊到每个人身上都不便宜。

美国有一位叫迭戈·科明的经济学家，专门研究创新对经济的贡献，尤其是一些发展中国家的创新对经济的贡献。他在论文《国富论是在公元前1000年决定的吗？》中说道："一个经济体的实力强弱不是取决于它引入先进科技的速度，而是取决于使用先进科技的深度。"这句话在中国也同样适用。

进入21世纪，我们迎来了移动互联网时代，这是一个与此前互联网时代截然不同的新阶段。此前，互联网主要以个人计算机（PC）为入口，被称为"内容网络"。在内容网络中，互联网的核心在于其所承载的内容，包括文字、图片、视频等。用户通过浏览器访问网站，主动搜索和获取信息，这是一个相对被动的模式。

移动互联网时代，则以智能手机等移动设备为主要入口，移动互联网不仅仅是内容的载体，还成为人们日常生活的一部分。移动互联网的核心不再只是信息本身，还包括人们在使用移动设备过程中产生的各种数据。这些数据包括用户的地理位置、浏览习惯、购物行为、社交互动等，反映了人们的真实行为模式和偏好，因此移动互联网也可以称为"行为网络"。

在移动互联网时代，中国无疑是领先的，科技企业家创造了很多新的业务模式，输出到美国。这并不是因为他们创造了二维码，也不是因为他们制造了智能手机，而是因为他们让每个老百姓都能使用这类应用和设备。因此，科技创新的基本规律中的天时，在这个时代显得格外重要。科技企业家承前启后，他们要把实验室里的先进科技，规模化生产出来，再提供给每个人，从而推动社会发展。这就是科技产业的真正本质，也是科技企业家最了不起的地方。

02

理解科技潮流和产业：
电动车、商业航天、AI 领域
为什么都有他的身影

科技革命的潮流性：从生产规模化到服务规模化

自工业革命以来，社会进步的核心动力已经转变为科技企业家的推动，其根本规律在于将尖端科技广泛应用于各个领域。

我们对科技企业的认识常常存在误区，认为科技企业仅仅是创造科技的实体。然而，全球大多数成功的科技企业实际上都更专注于科技的应用。换言之，所有科技都需要找到最适宜的应用场景，而那些最先发现并应用这些科技的企业家往往是最为成功的。我们知道，尽管英国人在"二战"中制造了坦克，但德国人却通过精准掌握坦克性能，设计出闪电战这一创新战术，从而最大化地发挥了科技的价值。先进的科技犹如坦克，最杰出的成就并非属于发明坦克的人，而是那些能够运用坦克发动闪电战的人。

现代科技企业家的一个显著特征是能够分析科技的能力边界。以阿里巴巴为例，互联网科技是由蒂姆·伯纳斯-李创造的，但当这项科技出现时，许多人还不清楚如何普及它，如何利用它提高效率，进而为社会创造更大的价值。马云提出了一个响亮的口号："让天下没有难做的生意。"支付宝的出现解决了交易中最大的障碍——信任问题，促进了国内电商乃至整个互联网行业的发展。从这个角度来看，当时的前沿科技是互联网，而那个时代科技应用的先驱，特别是第一个成功探索者，就是马云。因此，阿里巴巴无疑是科技企业的典范。

今天，我们可能不再将阿里巴巴视为纯粹的科技企业，这是因为曾经的科技已经过时。同样，我们也不再将福特汽车公司视为科技企业，因为汽车制造技术，特别是传统汽车的制造技术，已经不再处于科技的前沿。如今，科技企业研发的是电动车和自动驾驶技术。因此，科技具有潮流特性，而科技企业必须与时俱进。

工业革命可以划分为两个主要阶段。第一阶段标志着实体产品的规模化生产。瓦特蒸汽机的发明解决了动力问题，火车和轮船的出现解决了运输难题，而流水线的引入则解决了大规模生产的问题。这些创新都是为了实现更大规模的生产和更广泛的市场覆盖。

工业革命的第二阶段始于二十世纪六七十年代。在这一阶段，随着个人计算机的出现，数字革命应运而生。数字革命首先实现了数据的数字化存储。随着互联网的普及，人们可以将存储在电脑中的信息上传至网络，从而形成了庞大的数字内容集合，例如维基百科这样的网络百科全书。

数字革命还催生了互联网的全面内容共享。为了处理这些海量数据，我们需要人工智能技术来提取个人经验，用于学习和知识的积累。OpenAI之所以表现出色，正是因为它利用了互联网上的广泛内容进行训练，汇聚了众人的智慧。

工业革命实现了产品的规模化生产，而今天，我们实现了人类的经验的规模化复制。一旦经验能够规模化复制，许多原本依赖经验完成的任务就可以通过人工智能来完成。自动驾驶技术替代经验丰富的司机就是一个例子。许多人认为自动驾驶技术尚存在缺陷，无法完全取代人类。这涉及技术的能力边界问题。

无论如何，科技潮流的更迭就像钱塘江的潮汐，没有人能够永远立于潮头。正如前文所述，尽管阿里巴巴目前可能不被视为纯粹的科技企业，因为互联网已不再是科技的前沿；但阿里巴巴仍然可以被认定为科技企业，这并非因为支付宝，而是因为王坚博士领导的阿里云项目，它紧跟科技发展的潮流。只有那些站在科技前沿的企业，才能被称为真正的科技企业。

科技企业家基本功：判断技术和应用的能力边界

　　企业家必须具备对技术能力边界的前瞻性判断力，以预测科技的未来走向。所有技术在初始阶段都不是完美的，它们从诞生到达到最强的输入、输出性能，都经历了一个逐步演进的过程。这个过程需要企业家的积极参与和推动。

　　马斯克最初对特斯拉的投资，源于有人向他展示了一辆由笔记本电脑电池组装成的汽车。这辆车的性能卓越，甚至能与当时的赛车相媲美。其电动机输出效率极高，瞬时扭矩大，几乎能击败各种燃油车，包括内燃机车。尽管当时展示的车辆续航里程仅有几十千米，但马斯克依然被其技术潜力打动。他注意到了这辆车在能源转化效率和动力输出方面的硬实力，这些性能已经超越了以往。虽然续航能力不及传统燃油车，但马斯克认识到这是一个可以逐步解决的问题。因此，他相信这项技术具有远大的前景，因为其能力边界非常高，未来必将对汽车行业产生颠覆性的影响。

自2004年起，马斯克就开始投资并参与特斯拉汽车的制造。直到2017年Model 3向大众推出并实现量产，特斯拉才真正开始对传统燃油车产生压倒性的影响。这一过程耗费了10多年的时间。由此可见，一个杰出的科技企业家通常具有敏锐的科技洞察力，能够判断技术的边界，并预见未来科技的发展方向。

例如，近年来国内对低空经济的概念颇为关注，飞行汽车技术也日趋成熟。然而，可以预见的是，飞行汽车的市场空间有限。原因很简单，目前的飞行汽车采用的是空气动力学方案，通过螺旋桨或喷气装置使汽车悬浮，这本质上是向下推动空气。在城市环境中，如果这类汽车使用密度增大，空气互相干扰形成乱流，将带来安全隐患。因此，飞行汽车的最大弱点在于其无法在高密度环境中安全使用。

综上所述，我们首先需要了解当前时代的技术是什么，然后才能判断技术的边界，并据此进行有针对性的布局。只有为最前沿的技术找到应用场景，才有可能成为这个时代的赢家。

科技创新效能与中美两国的"制造回流"

正是由于需求的多样性，科技才从福特时代演进至通用时代。然而，我们很快会意识到，挖掘差异化并非易事。如果仅仅依据用户需求进行差异化，那么差异化空间很快就会被填满。

工业制造依赖于持续的科技进步，以提升产品性能，实现差异化，创造新产品，并更好地满足大众需求，从而推动市场向更高质量发展。

许多欧美企业家认为是中国制造业抢走了美国工厂的饭碗，实际上，是美国大型企业主动将制造业转移到中国的。这是因为数字化的普及增强了全球管理能力，使得远程管理企业成为可能。通过将工厂迁至中国，企业能够降低成本并提高整体经营效率，因此美国大企业纷纷将制造业迁移到中国。

然而，美国企业将制造业转移到中国后，也面临诸多挑战。在创新不够活跃的时期，传统制造业只需持续生产现有产品，但一旦进入创新密集期，制造业与创新之间就会出现鸿沟。

自2013年起，我便投身美国先进科技投资领域，特别是所谓的"硬科技"，即实体产品。在这个过程中，我注意到许多美国科技企业虽然拥有出色的产品，却往往在"无法实现量产的黎明前的黑暗期"倒下。

前文提到，彼得·蒂尔在《从0到1：开启商业与未来的秘密》一书中提出，数字产品的生成要经历从0到1的研发过程，而产品一旦生成，从1到100万的复制边际成本趋近于0。

我认为，数字产品的成本固然很高，实体产品的规模化复制同样至关重要，且其成本往往更高。只有数字能力和实体产品的结合，才能有效地将产品传递给每个人。

我们的生活与手机紧密相连，这主要归功于手机上各种数字产品的服务。但如果没有实体产品作为载体，这些数字产品也无法被广泛使用。类似的产品还包括VR（虚拟现实）、AR（增强现实）设备，以及现在大量涌现的人工智能硬件，如Meta［原脸书（Facebook）］与雷朋太阳镜公司合作推出的带摄像头和语音交互功能的太阳镜，这些都是为了让人们享受数字产品服务而存在的实体产品。

由此可见，尽管许多先进科技是数字化的、基于互联网的，但只有与实体产品结合时，才能与人建立联系，为人所用。因此，这些先进科技要持续发展并服务于人，离不开硬件的支持。

同样，硬件产品的研发也遵循从0到1的原理，即原型（prototype）[1]的制作。原型制作完成后，还需经历规模化量产的过程，实现从1到100万的跨越。但是，从0到1的"1"与从1到100万的"1"并非同一概念。原型制作完成后，还需要大量改造，生成可量产的原型。在

1　原型在软件开发中指产品或数据系统的一个基本的实用模型。

全球范围内，具备这一能力的国家只有中国。

例如，富士康科技集团曾计划在印度生产iPhone，但最终还是选择迁回中国。虽然印度工厂的效率和工人素质是建厂的考虑因素之一，但更重要的是，在实现规模化生产时，需要靠近供应链和产业生态，确保每个零部件都能实现标准化生产。如果制造商对零部件的性能不了解，就无法完成这一任务。深圳之所以能成为全球科技制造之都，正是因为其完善的产业链。

综上所述，尽管我们已进入数字革命时代，但这并不意味着我们要抛弃过往经验，而是需要更巧妙地将制造与创新相结合。

对"时代前沿"的理解、把握与运用

在中国，众多企业，尤其是位于长三角、珠三角等地区的企业，主要专注于实体产品的生产。然而，随着数字革命的兴起，实体产品的数字化特性将得到增强，甚至在某些情况下，数字产品的重要性将超越实体产品。

以电动车为例，未来自动驾驶技术可能会比电动车本身更为关键，即虚拟产品的重要性将超过实体产品。但这并不意味着两者是独立的，相反，它们将实现一体化整合。因此，自动驾驶技术不应仅被视为电动车的一个附加功能，而是与之紧密相连的整合部分。如果实体产品企业能够认识到这一趋势，就能够积极拥抱数字革命，将数字产品与实体产品融合，实现自我革新，确保在数字革命时代保持竞争力。特斯拉就是一个典型的例子，其电动车业务正是基于数字革命而诞生的。

在欧美，许多汽车制造商并非不愿意生产电动车，而是受限于技术瓶颈。制造电动车所需的技术与制造传统燃油车所需的技术截然不同。电子产品遵循摩尔定律，具有统一管理系统的特性，而电动车正是将原本分散的各个系统整合起来，实现系统化管理。因此，电动车更接近于电子产品而非传统工业产品。

在转型阶段，传统的车辆管理和智能管理仍然是分开的，但未来这些管理系统将被整合，就像电脑一样，不再需要多个分散的管理单元。因此，未来的电动车将不再是传统的机械产品，而是具备统一管理系统的电子产品。

对中国而言，这是一个重要的启示。我们必须理解世界的发展趋势。数字化、人工智能等新趋势需要实体产品作为载体。然而，并非所有数字产品都需要实体载体，例如OpenAI和文心一言等语音问答系统，它们提供了人工智能生成内容和服务的可能性，尤其是虚拟服务，正在快速取代一些传统服务。

下一波潮流将是机器人和自动驾驶技术的发展。在这方面，中国有机会发挥优势，因为这些技术都需要实体产品作为支持。中国的电动车产业已经相当发达，能够为自动驾驶技术的发展提供所需的电动车载体。

同样，机器人技术也需要实体产品作为载体，例如需要机械臂来执行任务。马斯克在研究人形机器人时，重点展示的是机械臂的抓握能力，而非运动能力。

随着人工智能的发展，人工智能与机械臂的结合将实现飞跃。我们不仅要看到其能力边界，还要考虑产业化时点，即这种能力何时能够转化为产业应用。我预计在未来两三年会出现能够完成复杂任务的机器人的产业化时点。这意味着，在未来两三年内，机械臂的复杂功能将足以在某些特定任务上超越人手。

此外，已经有创业者开始尝试使用机械臂来煎牛排——不仅仅是将牛排煎熟，而是将米其林三星级厨师的手法固化到一个系统中，实现无限复制和广泛传播。

中国企业拥有硬件实力，但也不应忽视软件的部分。在软件与硬件的平衡上，马斯克做得很好——特斯拉不仅在电动车领域表现出色，还强调自己是机器人公司、人工智能公司，因为马斯克明白未来需要"软硬结合"，软件将引领硬件的发展趋势。

当前是数字革命的突破期，在各行各业都可以看到数字革命的应用。在这一阶段，创业难度会降低，因为已有成功的案例可以借鉴。例如，已经有人在自动驾驶领域取得成功，那么只需将自动驾驶的相关技术转移到其他领域，就能开创新的应用和领域。

　　特斯拉就是一个很好的例子。特斯拉擅长自动驾驶技术，只需将自动驾驶的相关技术、算力、算法应用到机械臂上，就能转型为一个机器人公司。这就是它善于运用前沿技术，并在不断变化的时代中保持领先地位的原因。

03

理解创新者:
产业创新的关键是性能调优

卓越的企业家应当有远见

在具备"天时"和"地利"的条件下，成功的关键还在于"人和"。虽然天时地利为成功提供了必要的外部条件，但人的行动同样至关重要，并且必须遵循客观规律。例如，即便没有乔布斯，智能手机的出现也是必然的，只是可能会有所延迟。同样，马斯克并非电动车领域的唯一推动者，但他的出现无疑加速了电动车的普及，并引领了纯电动车的发展方向。

在电动车发展的早期阶段，大多数人认为续航里程至关重要，但当时没有找到解决方案，因此更倾向于采

用混合动力方案。混合动力车主要分为三种类型：一种
是普通混动（靠发动机和刹车回收充电），一种是插电
混动（可以外接充电，纯电续航更长），还有一种是增
程式混动（发动机只发电而不直接驱动）。

作为耐用消费品，汽车的使用周期很长。马斯克一
开始就洞察到电动车能力边界的突破潜力，并坚定地走
上了纯电路线。这一判断不仅推动了电动车技术的快速
发展，还极大地改变了消费者的认知和使用习惯，使得
纯电动车逐渐成为主流。

企业家在事业成败中扮演着关键角色，他们不仅需
要有前瞻性的视野，能够引领未来的发展趋势，还要具
备将预见的未来转化为现实的能力。同时，我认为这种
素质不仅企业家需要，整个社会乃至国家都需要。

以美国国防高级研究计划局（Defense Advanced
Research Projects Agency，DARPA）为例，该机构利用
政府资助推动产业发展和科技成熟，经常举办各种比
赛。比赛的标准是技术必须有突破的潜力，但尚未实
现。通过这种方式，可以聚集各方智慧，共同推动技术

发展，加速技术突破，为社会发展提供动力。

在自动驾驶领域，DARPA举办了两届大赛。第一届是越野大赛。主办方在莫哈韦沙漠中设置了142英里（约228.5千米）的赛道，起点和终点之间没有道路，还有沟壑。任何团队都可以参赛，只要能成功从A点跑到B点，就能获得100万美元的奖金（第二届奖金为200万美元）。

第一届比赛中，参赛团队要么掉进沟壑，要么中途熄火，总之没有一个团队能跑出10英里（约16千米）。第二届比赛相比于第一届，赛道设置得更陡、更窄。而在23支参赛队伍中，有5支队伍成功到达终点，其中斯坦福大学团队获得冠军，卡内基梅隆大学团队获得亚军。

今天，人们普遍认为正是这场挑战赛，以及DARPA对自动驾驶技术的早期投入，推动了自动驾驶技术的蓬勃发展。而为了解决自动驾驶的关键问题之一——环境感知，一种全新的传感器技术应运而生，这便是激光雷达（LiDAR）。而第一家激光雷达企业的诞生，也与这场挑战赛有着密切的联系。

第一家激光雷达企业威力登（Velodyne）前身叫威力登低音炮（Velodyne Acoustics），最初的业务是生产高品质的重低音音箱。

由大卫·霍尔于1983年创立的这家公司，原本和激光雷达没有什么联系。出于个人兴趣，霍尔在2004年改装了一辆配备全景摄像头的皮卡参加了第一届DARPA自动驾驶比赛，然而，全景摄像头方案被证明是一次失败的尝试。

正是在这次比赛中，大卫·霍尔第一次听说了激光雷达技术。他回忆说，福特汽车公司的吉姆·麦克布莱德不停地向他提及激光雷达如何能够解决他的所有问题，这使得他开始对这项技术产生了浓厚的兴趣。几个月后，他开始研究激光雷达，并且越了解越着迷。

2005年，大卫·霍尔参加了第二届DARPA自动驾驶挑战赛。这一次，他的皮卡上搭载了让Velodyne声名大噪的360°旋转式激光雷达。然而，由于机械故障，他仍然未能完成比赛。但是他安装在皮卡车顶的巨大旋转式激光雷达却在比赛中引起了广泛的关注，成为比赛的一大亮点。

2006年，大卫·霍尔再次参赛，尽管仍然因为机械故障而未能完赛，但他的激光雷达技术已经引起了广泛的关注。Velodyne自此开始向一家激光雷达企业转型。

2007年，Velodyne成为DARPA挑战赛的供应商。在当年成功完成挑战的7支队伍中，有6支队伍都采用了激光雷达技术，其中获得第一名和第二名的卡内基梅隆大学和斯坦福大学的团队，使用的正是Velodyne的激光雷达。

随后，谷歌挖走了这两支队伍的科研人员，开始了自己的无人驾驶汽车项目，Velodyne也在无人驾驶领域建立起了自己的影响力。当时，Velodyne每套激光雷达系统的售价高达8万美元。在2008年金融危机期间，这项新兴业务的及时出现，挽救了Velodyne的音箱业务，使公司得以继续发展。

如今，激光雷达已成为广泛使用的技术，尽管马斯克坚持纯视觉[1]技术路线，但激光雷达的未来仍存在讨论空间。在这段自动驾驶技术的发展历程中，激光雷达无疑发挥了重要作用，而推动这一技术发展的正是DARPA。

西方对企业家的最高评价往往是称赞其具有远见。在这方面，马斯克表现得尤为出色，他能够根据现状预见未来的机会，并且是不久的未来的机会，然后积极地进行布局。要成为一个有远见的企业家，不仅要看得到未来，还要能够实现所预见的未来。

因此，企业家不仅要有远见，还要有实现远见的能力。

---

1 指依赖摄像头捕捉的数据进行环境感知，而不借助激光雷达、毫米波雷达或其他类型的传感器。其核心理念在于模仿人类驾驶员主要依靠双眼观察路况的方式，力求简化系统架构，降低硬件成本，提高智能驾驶系统的普适性和实用性。

科技企业家的"现实扭曲力场"

马斯克作为引领科技变革的超级企业家，一方面崇尚"第一性原理"[1]这样的理性思考方式，另一方面又常常做出很多看起来非理性的决策，性格中充满了矛盾。

举两个例子。一个例子是马斯克在PayPal公司时，由于公司内部管理层之间的斗争，他最终被迫离开了公司核心管理层，不再担任首席执行官（CEO）。但是马斯克仍然希望保持个人的公众形象，因此保留了公司对外发言人的身份。尽管公司担心他作为对外发言人的言论和现任CEO的方向不一致，但是马斯克认为，公司的成就，不如维护个人公众形象与声誉重要。

第二个例子就是，马斯克在2017年的时候就已经准

---

1 源自哲学概念，原意指那些基本的、不需要再被证明的前提或假设。

备生产火箭了。他预计两年之后，可以利用火箭将旧金山到东京的行程缩短至两个小时。这个想法理论上是可行的。但是最大的问题是，能不能让火箭旅行成为通用的旅行方式？

其中最大的难点在于如何确保火箭旅行的安全性。公共交通最重要的是安全，而火箭旅行的安全性是很难控制的，所以即便马斯克提出的这个想法在理论上是可行的，但至今也没有进行过一次试验。

马斯克特别注重面子这一点还体现在他特别渴望得到认可。马斯克创建太空探索技术公司（SpaceX）的时候，有幸见到了美国第一个登上月球的人——阿姆斯特朗。但是当时的马斯克还没有什么成就，阿姆斯特朗对于火箭旅行的评价是不可能，认为马斯克在做一件愚不可及的事情。多年之后，马斯克眼含热泪地跟记者说，自己最大的遗憾是没能让阿姆斯特朗看到他的成功。

可以说，企业家做科技产品就是在做别人认为愚不可及的事，只有成功才能创造历史。

当然，马斯克在追求高风险的项目时，也展现出了强大的"现实扭曲力场"，即他有能力让周围的人相信，即便面临高风险，目标也是可以实现的。这也是很多科技企业家的共同特征，有时为了得到别人的支持，他们甚至选择性地隐瞒一些信息。

回溯历史，我们可以发现爱迪生也具备类似的特质。尽管我们今天普遍将爱迪生视为了不起的发明家，甚至在用电灯的时候，还会感谢爱迪生。其实爱迪生发明灯泡的经历异常坎坷。有一个广为流传的故事：爱迪生自己尝试了3000多种材料，最后终于找到了能做成灯丝的材料，以至于大家普遍认为这种成功是99%的汗水加1%的灵感。

但实际情况是爱迪生做了很多尝试，一直没有找到能够稳定的、形成批量生产灯泡的方法，而工业革命的核心就是批量生产。也就是说，如果只能生产一个产品并不能算是什么成就，批量生产才是最关键的。爱迪生当时做不到批量生产，但是他又担心别人能在他之前做到，因此他开了发布会宣布自己已经成功发明了灯泡，先让这项成就归属于自己。之后，他花了近4年的时间实现了灯泡的量产。

硅谷很多企业都会选择这么做,先发布一个产品,但是并没有实质的产品,只是介绍这种产品的性能,等到能够量产时才会选择正式发布。所以今天的硅谷流传着这样一句话,叫"演久成真"(Fake it until you make it),就是先"造假",然后再实现。

爱迪生以及很多企业的这种行为其实是在面对竞争压力和技术挑战时,为了维护自身利益和推动项目进展所采取的一种策略性手段。尽管这种行为可能引发一些争议,但不可否认的是,它也在一定程度上推动了科技的普及和发展。

同样地,特斯拉也有这样的问题。特斯拉要在汽车领域长期生存,并实现飞跃、引领未来,前提是它的低价车能够实现量产。但是低价车的量产和相对高价的车的量产的难度差距很大,要规模化生产还有很多的技术细节要完善。

马斯克在Model 3的推广策略中,同样采用了预先接受订单的模式。在2018年初的时候特斯拉就宣布可以预订Model 3，但此后一段时间里并没有实现量产和交付，而是找各种理由拖延，一直到2018年底、2019年初才开始量产。

在产品创造完成后，从初步生产到实现规模量产，其间存在半年不交付是很正常的现象。尽管从表面上看似乎预示着这款车的热销，但如果长期无法按时交付预订订单也可能会有负面影响。Model 3直到2018年底才顺利交货，基本上做到在预订的一周之后就能提车。然而在这之前，部分订单半年都没能交付，就是因为没有实现规模量产。

在这种情况下，科技企业家只有展现出强大的现实扭曲力场和对未来的坚定执着，才能够面对媒体甚至是投资者的质疑。马斯克也曾被记者抨击，特斯拉甚至被做空，但是因为马斯克的执着，最后特斯拉的业绩开始持续增长。

因此，对于科技创业者而言，执着于自身的愿景和目标尤为重要。

科技企业成功的秘诀：任务拆解与性能调优

当然，单凭坚持并不能彻底解决问题，因为理想的实现依赖于个人的实践和行动。因此，科技企业家不仅需要坚定的信念，还必须是解决问题的高手，擅长将任务分解并优化性能。

以马斯克在2022年特斯拉电池日上的表现为例，他向投资者详细介绍了特斯拉的经营业绩和未来发展，并通过任务分解的方式，将特斯拉电动车的功能划分为多个主要部分。针对每个主要部分，特斯拉进行了性能优化，并进一步细化分解，对每个小部分也进行了性能优化。通过这种方法，如果一个小部分的性能提升5%，另一个小部分提升10%，整个主要部分的性能就能提升15%。类似地，当多个主要部分实现20%、30%等不同程度的性能提升时，特斯拉的整体能力就会大幅提升。由此可见，任务分解与性能优化在科技创新中起到关键作用。

实际上，许多科技创新的核心在于经验的积累。通过在细节上不断进行微小的改进，长此以往，最终实现从量变到质变的飞跃。Rocket Science（火箭科学）常被视为最尖端的科学领域，人们往往将特别杰出的科学家称为Rocket Scientist（火箭科学家）。然而，2020年12月2日，马斯克在X上发文指出，许多人想象中的科学其实是工程。例如，并没有火箭科学家，只有火箭工程师，而后者才是能够真正实现登月的人。科学家负责原理的创新，而工程师则专注于性能的优化。也就是说，火箭之所以能发射并回收，SpaceX之所以能取得今日的成就，并非因为科学家发明了新燃料，探索出了新的喷气动力方法，而是工程师们在最基础的原理上，不断精益求精，最终在确保质量的前提下实现了规模化生产。不断精进正是工程师需要去做的事情。

科技企业需要工程师思维，其核心就是任务分解和性能优化。通过将整体任务分解为若干小部分的任务，在不断优化后，将每一小部分的优化累积起来，就实现了大的飞跃。这正是科技企业成功的秘诀。

为了实现性能优化，必须将性能调优与任务分解相结合。实际上，无论是性能调优还是任务分解，都离不开新技术的引入。以马斯克为例，他是在传统燃油车的基础上进行任务分解和性能调优的，但鉴于传统燃油车技术已相对成熟，那么这些新技术从何而来呢？

首先，许多技术是全球共享的。全球范围内存在一股强大的开源技术潮流。这意味着大量的技术资源是公开的，优秀的科技企业家必须时刻关注科技前沿动态，以便及时获取和应用这些开源技术。例如，特斯拉的电池管理技术就是共享的。此外，即使是有专利的技术，也不是无法获取的，只是需要通过特定方式来获取，以确保其更好地被市场接受。

其次，即使某些技术难以直接获取，企业仍可通过其他途径获得，比如与外部机构合作。通常我们认为只有大公司或研究机构才能进行科研创新，但事实并非如此。从全球经验来看，大公司和研究机构的效率往往较低，大多数大公司的技术升级实际上是依靠外部引入实现的。这些技术的源头，基本上都是高校或研究机构。因此，企业需要与这些机构建立联系，以便将科研成果转化为实际应用。

同时，为了让技术能够服务于社会，必须有人负责技术转化。在美国，有一个被称为科技企业家的群体，他们擅长将高校研发的技术转化为实际应用。当然，企业也可以选择独立上市，例如英伟达（NVIDIA）和因美纳（Illumina），这两个企业都是从高校获取技术并成功商业化的典型例子。

另一种选择是，这些公司在达到一定规模后，会与大公司形成战略合作，利益共享，甚至直接被大公司并购。对于大公司而言，为了保持技术领先，它们需要设立专门的部门来跟踪世界科技前沿动态，关注哪些实验室已经取得成功，哪些创业团队已经成立并开发出原型产品等。同时，还需要与这些技术人员和创业团队保持联系，通过天使投资或战略投资等方式支持他们的研发工作。

然而，天使投资常被一些人视为三个F，即Fool

（傻子才做的事）、Family（骗家人的钱）、Friends（骗朋友的钱）。实际上，随着天使投资和风险投资的增加，越来越多的企业成立了企业风险投资部门来管理这类投资。企业风险投资部门通常与企业战略分析部门合并。它们会持续监控技术前沿，一旦某项技术开始商业化，便进行战略投资，提供合作机会，随着合作的加深，最终可能实现收购。大企业之所以能够长期保持科技竞争力，很大程度上依赖于外部技术的获取，而非仅靠内部研发。

中国曾尝试过多种技术升级策略，但发现很难自主产出大量先进技术。现在看来，全世界的企业几乎都不是靠自己产出先进技术的，而是从外部获取的。了解了这一机制后，获取技术就会变得容易许多。

传统企业引入这种机制，同样可以变得先进。诺基亚从木材企业转型为手机制造商，就是一个典型的案例，如果没有这种机制，即使当前科技再领先，最终也会落后，因为无法实现科技的持续升级和迭代。这一点很关键。

2017年，中国企业家代表团访问伯克利时，了解到一项实验室技术——多层超薄透镜技术。这项技术能够将13层超薄透镜叠加，厚度不到1厘米，而摄影效果可与长焦相机媲美。这项技术并非来自某个公司，而是源自一所高校——加利福尼亚大学伯克利分校。高校通过与公司合作，实现了技术的规模化生产。由此可见，这一机制对于企业实现科技持续升级和迭代至关重要。中国某手机厂商的高管表示，这项技术对于手机摄像头性能至关重要，他们非常需要这项技术，但之前并不知道它的存在。

最终，这项技术被三星获得，因为三星设立了全球科技前沿跟踪部门，专门雇用专业人员跟踪相关科技进展。例如，麻省理工学院著名的媒体实验室就有一位专门研究科技前沿的博士，他一毕业就被三星聘用了，专门负责跟踪全世界与三星业务相关的科技前沿进展。在中国的科技企业中，华为在这方面表现突出。华为对全球科技前沿，尤其是对美国、欧洲的最前沿高校都有深度的跟踪。

从历史的角度来看，企业的成功，初期会依赖于创始人的个人魅力和冒险精神。如同马斯克一样，他的革命性贡献在于他的冒险精神，这种不惧失败的勇气是所有创业者的共性。但随着企业的发展，仅仅依赖创始人的个人魅力是远远不够的，企业只有建立一套完善的系统和方法论，才能保证长期可持续的增长。特别是对于科技企业而言，持续的创新和对前沿科技的跟踪至关重要。一旦失去冒险性，或者缺乏对创新和前沿科技的投入，许多事情可能会变得大不相同，企业也可能会失去市场竞争力。

如何将创始人的冒险精神转化为企业的创新基因，并建立一套可持续的创新机制，是每个科技企业都需要思考的问题。

苹果："改变历史"的两次机会

审视苹果公司的发展脉络，我们可以清晰地看到领导者决策对企业产生的深远影响。

乔布斯当年扭转了苹果公司的命运，引领苹果一路成为全球最大的企业。2007年推出iPhone手机是一个关键的转折点。iPhone在市场上推出时面临巨大的风险，尽管公司已尽力降低成本，但由于其性能领先，定价仍高达600美元。在当时，这个价格的手机属于高端市场，若进一步降价则可能面临亏损的风险。此外，即便定价为600美元，若销量不足，同样可能导致亏损。这凸显了IT产品的特性：出货量越大，成本越低；反之，出货量不足则价格偏高。因此，乔布斯采取了降低成本、压低价格以追求销量的策略。他相信600美元的价格仍在消费者可接受的范围内，而iPhone在上市第一年就售出600万台，这一成就彻底改变了苹果公司的历史轨迹。

苹果公司的第二个关键转折点出现在2024年Vision Pro推出时。现任CEO蒂姆·库克并非创业者，而是职业经理人，他缺乏乔布斯当年的冒险精神，因此其决策和风格与乔布斯截然不同。

Vision Pro作为继iPhone之后，又一次试图颠覆现有科技格局的重大尝试，其最初定位就是与VR/AR不同的空间计算设备。它采用苹果公司自研的芯片，配备了高分辨率的Micro-OLED显示屏和先进的传感器，用户佩戴Vision Pro后，不仅可以看到叠加在现实世界上的数字内容，还可以在虚拟空间中进行交互，确实让我们感受到了"虚拟现实"到来的样子。

然而在推出这款革命性产品时，库克没有选择像乔布斯那样低价销售，而是将Vision Pro的价格定为3500美元。尽管市场对Vision Pro的革命性赞誉有加，但这一价格让消费者望而却步，导致年销量难以突破百万台。

通过这一对比，我们可以看出蒂姆·库克错失了成为下一个乔布斯的机会。如果乔布斯仍在，他可能会像当年推出iPhone一样，将Vision Pro的价格定为600美元，使销量迅速攀升至600万台甚至1000万台，再次书写苹果的传奇故事。这正是创业者的魅力所在。

前文提及了天时、地利、人和都是成功创业不可或缺的要素。"人和"主要包括创业者在以下三个方面的能力：首先，能够洞察未来；其次，要具备现实扭曲力场，即基于对未来的洞察，带领大家走向一个大多数人尚未看清的未来，并让大家相信它能够实现；最后，要具备将未来愿景转化为现实的实践能力，能够进行任务分解、性能调优。这要求创业者既要有工程师的严谨和务实，又要能洞察并描绘出尚未实现的未来图景，并具备说服力，从而赢得团队和社会的信任与支持。

因此，成功的创业者往往具备多种性格特质，这也使得创业者成为一种稀缺资源。在适当的天时地利人和条件下，这类创业者能够创造出非凡的成就，推动社会加速发展。

第二部分

科技创新的路径

——马斯克的成与败

04

互联网创业

旗开得胜：马斯克的首次"创业"

前文探讨了企业家创业所需的天时、地利、人和，强调了时势与英雄之间的相互作用。确实，英雄能够塑造时势，但更为重要的是时势造就英雄。这是一个双向选择的过程。

接下来，我将深入分析马斯克的一系列创业经历，展现他如何在现实中一步步走向成功的。尽管马斯克似乎每次创业都能取得成功，但其创业之路绝非一帆风顺。积累经验对于创业者来说至关重要。无论国内还是外，教育系统普遍缺乏对创业成功路径的指导，因此创业者的成功往往需要自己去探索和总结。

创业者的成功背后，往往隐藏着许多辛酸。他们从业余选手起步，通过快速学习和经验总结，逐渐从业余选手转变为专业选手，并总结出可以规模复制、输出的经验。

马斯克就是一个典型的例子。他的创业基因在中学时期就已经显现。严格来说，他的第一次创业是在中学时期，当时他自行设计游戏程序，并将这些程序卖给了当时顶尖的电脑杂志，赚取了人生的第一桶金——500美元。在那个时代，一个十几岁的孩子能赚到500美元已经相当了不起。随后，他又开发并销售了更多游戏程序，因此在进入大学之前，他已经是一个小富翁了。

然而，严格意义上讲，这还只是个人能力的展现，并非真正的创业。直到走出大学，马斯克才真正开始创业。有人调侃斯坦福大学有辍学创业的传统，马斯克就未从斯坦福大学毕业，而是选择中途辍学去创业。

其创业搭档彼得·蒂尔甚至将这个传统发扬光大，2011年成立"泰尔奖学金"（Thiel Fellowship）项目，每年向20~30名20岁以下的年轻人提供10万美元的资助，条件是他们必须从大学辍学两年，全身心投入创业。

著名的激光雷达企业路美纳（Luminar）科技公司的创始人奥斯汀·拉塞尔，曾是斯坦福大学的大一学生，他正是因为凭借这个项目获得了10万美元的创业资金，最终取得了成功。

在创业过程中，马斯克既遇到过有利条件，也面临过挑战。互联网的兴起为他带来了前所未有的机遇。然而，作为互联网这一新兴领域的创业先驱，他缺乏可供参考的经验和规律。这与中国互联网初期的情况相似，当时人们对互联网商业模式的理解相当有限。最初，人们普遍认为互联网不过是更高级的电子公告板（BBS）。但随着时间的推移，人们逐渐意识到互联网远不止于此。从最初的BAT（百度、阿里巴巴、腾讯），到后来的游戏、视频、互动等，互联网展现出了无数前所未有的可能性。

马斯克的幸运之处在于，他并未直接投身于互联网创业，而是选择了基于个人计算机和软件的数字出版领域。在他的创业初期，软件行业开始蓬勃发展。他和弟弟创立的Zip2[1]公司主要从事电子出版业务，尽管其核心理念与其他公司相似，但Zip2起步较早，且在细节处理上表现出色，所以它迅速崭露头角。他的第一次创业经历并不漫长，仅4年时间便成功出售公司，获得了2000多万美元的收益，这为他后续的创业活动奠定了坚实的经济基础。

马斯克的第二次创业之旅转向了PayPal。作为创业者兼投资人，他获得了重要的发言权。

在硅谷，许多人不分昼夜、不论周末，都在全力以赴地工作。马斯克就是其中的代表之一。他全身心投入工作，对事业的执着追求使他在竞争激烈的市场中脱颖而出。他从小就养成了追求完美的工作态度。即便在结婚时，为了工作他也没有度蜜月就返回了岗位。这充分展示了马斯克对事业的极度执着。将事业置于首位，这

1　意为"想去哪里，说到就到"（Zip to where you want to go）。

也是他身上的显著特性之一。

马斯克的创业信条与野心

正如前文所述，马斯克的首次创业取得了巨大成功，当然其中有一些运气的成分。在充满挑战的创业道路上，马斯克也曾遭遇无数艰难险阻。他本人曾言，创业之路可谓是九死一生。

有过创业经历的人应该能够深刻体会到这句话的含义：创业之路充满艰辛，十次尝试中或许仅有一次能够成功，成功的概率微乎其微。

然而，正是马斯克身上不屈不挠的精神，让他即便面对如此低的成功率，也愿意坚持不懈地尝试。他对待每一个项目都全力以赴，一旦项目结束，便毫不犹豫地投入下一个项目。他坚信，通过不断地积累，终将实现质的飞跃，成功终将到来。作为一个对工作充满热情的人，他迅速利用自己首次创业的经验，并借助互联网的浪潮，开启了第二次创业之旅。

在PayPal的发展过程中，内部冲突始终存在，甚至有人在马斯克度蜜月期间向董事会成员迈克尔·莫里茨提出让马斯克离开的诉求。得知此事后，马斯克毅然取消蜜月，回来质问同事。同事坦率地表达了他们的观点，他们认为公司管理层的经营思路存在重大分歧，马斯克的经营思路不符合公司的长远发展，所以他们认为马斯克应该退出管理层。

关键时刻，马斯克发挥了他的说服力和影响力，即所谓的现实扭曲力场。然而，这一次大家的意见已经统一，现实扭曲力场未能发挥作用。尽管同事们认同马斯克的个人品质和对公司的贡献，但他们已经就公司的发展方向达成了共识，认为他们自己的经营思路才是正确的。

马斯克被迫离开，但他没有怨言，也没有沉溺于负面情绪，而是迅速抽身，投入下一个项目。虽然这件事对他的职业生涯造成了短期影响，但也为他后来的发展埋下了伏笔。由于他始终与前公司的同事保持友好的关系，后来在他需要资金支持SpaceX项目时，这些同事也纷纷给予了他支持，其中一些人甚至成了他的投资人。

马斯克的理性源于他对利弊的精准权衡。从他创业初期的经历中，我们可以看出他性格中的矛盾性：他既有极端理性的一面，也有极端感性的一面。

然而，在特斯拉项目之前，马斯克并未完全理解"时势造英雄"的道理，也尚未充分认识到技术规律和能力的边界。他和当时许多中国创业者一样，认为互联网无所不能，只需选择一件可行的事情去做就能获得成功。不同之处在于，马斯克会在每项事业背后设立一个宏伟的抱负。以特斯拉为例，它的抱负在于改变交通出行乃至社会结构，实现自动驾驶的普及；而在SpaceX项目中，他的目标是殖民火星。可以看出，每项事业背后都有一个宏大的愿景支撑着马斯克的行动，这对他的成功起到了关键作用。

PayPal最初从事的是互联网支付业务。随后，PayPal被易贝（eBay）收购。易贝可以看作是美国版的阿里巴巴，尽管它没有类似支付宝的机制，也没有完善的信用体系，仅具备支付功能——用户利用PayPal进行支付，并在互联网上进行交易。

由于美国社会信用体系总体上相对健全，这使得PayPal能够形成一个闭环，并成功运作。然而，与拥有完整信用体系的平台相比，易贝的业务模式仍有不足。因此，易贝最终未能获得阿里巴巴那样巨大的成功。因为阿里巴巴的核心不仅仅是支付，还有其信用体系。马斯克的短期目标是实现互联网支付，而长期目标则是建立互联网银行。尽管他被迫离开了PayPal，但他并未沉溺于过去，也没有采取报复行动，只是留下了一句话："如果我能够继续推进，PayPal未来可能会成长为一家价值万亿美元的公司。"他坚信，互联网银行能够实现统一，并成为美国最大的银行。

创业的魅力在于塑造未来，而未来的样子取决于创业者自己的梦想和努力。因此，创业者应该怀揣梦想，不断尝试。

对字母 X 的执念

在马斯克创立支付业务的初期，公司并非以PayPal命名，而是被称为X.com。2022年，马斯克完成了对推特的收购，2023年，他将其名字改为X；后来又将其域名更改为X.com，这标志着他的一个夙愿的实现。

X.com成立之初，便与彼得·蒂尔、麦克斯·列夫琴创立的康菲尼迪（Confinity）公司展开了激烈的竞争。两家公司的业务都集中在在线支付领域。由于两家公司的创业理念和技术基础相似——都采用开放技术[1]，因此在同一领域产生了竞争。这种竞争类似于中国视频平台优酷与土豆之间的竞争，两者在相似的市场领域内争夺用户。

如今，我们正进入一个新时代，中国数字内容出海

1　指在使用接口标准的同时，使用符合这些接口标准的实现方式。

迎来了前所未有的黄金时期。我们可以借鉴马斯克当年在互联网支付领域的做法，发展类似的纯数字内容，并将这些内容推向海外市场，因为这个市场是开放的，未来的机会巨大。

回到上文，马斯克领导的X.com与彼得·蒂尔的Confinity在初期展开了激烈的竞争。而后来，红杉资本的创始合伙人之一迈克尔·莫里茨的介入改变了这一局面。作为红杉资本的重要人物，也是思科（Cisco）等硅谷硬件巨头的早期投资者，莫里茨在业界享有极高的声望和地位。

资深前辈的介入在解决冲突和协调利益方面往往能起到至关重要的作用。在X.com的发展过程中，莫里茨发挥了重要作用，成功促成了X.com与Confinity的合并（新公司更名为PayPal）。这一决策不仅避免了无谓的竞争损耗，也为两家公司的未来发展奠定了坚实的基础。

在中国，赶集网与58同城的合并也是在投资人的推动下实现的，投资人在其中扮演了重要的协调角色，促进了双方的合作。

回到X.com与Confinity合并的案例，由于马斯克个人的创业特质以及他持有X.com55%的股份，他成为合并后公司的大股东。马斯克一直怀揣着创办互联网银行的梦想，但他的合作伙伴认为创办互联网银行的技术和时机尚不成熟，应专注于支付业务的拓展。如果我们现在来复盘这一决策，会知道支付业务当时尚未普及，确实缺乏创办互联网银行的基础。但马斯克坚持追求多个目标，10年间在两个领域都取得了成功。

因此，许多商业纠纷并非非黑即白，而是需要在各种利益和目标之间做出权衡。我们不能简单地判断谁对谁错，而应该从不同角度审视和反思每个决策背后的逻辑。

我曾有幸陪同迈克尔·莫里茨访问中国，与他共进晚餐。此外，我还与马斯克关系密切的另一位重量级人物——里德·霍夫曼进行了交流。里德·霍夫曼作为"PayPal黑帮"的成员之一，曾是彼得·蒂尔的得力助手。马斯克曾试图邀请霍夫曼加入他的团队，并承

诺让他担任首席运营官（COO）。然而，尽管霍夫曼对
COO职位感兴趣，但在公司的发展方向上，他更认同彼
得·蒂尔的观点，而非马斯克的，这在一定程度上导致
了马斯克的离开。

值得一提的是，里德·霍夫曼后来创立了全球知名
的职场社交平台领英（LinkedIn），其影响力深远。同
时，他加入了灰锁基金（Greylock）投资公司，这表明
他像其他成功企业家一样，开始拥有自己的投资基金。

迈克尔·莫里茨来中国主要是为了探讨一个现象：
为什么许多在美国表现卓越的互联网公司在中国却难
以扎根。尽管有些美国互联网模式被"拷贝到中国"
（Copy to China）并取得了成功，但美国本土互联网公
司在中国发展壮大的案例寥寥无几。

我向他提出，尽管美国的商业模式看似简单明了，
但中国人面临两个选择：一是为美国公司工作，二是借
鉴这些模式进行自主创业。也就是说，我可以成为领
英的一部分，也可以在中国创立自己的公司，借鉴领英
的模式；在中国，我可以吸引风险投资，拥有自己的公

司，成为创业者。

里德·霍夫曼认同我的观点，他认为没有创业精神就不可能有创业成果。因此，领英后来在中国引入了独立投资人，并给予了领英中国股份，但最终并未成功，这是后话了。

当然，我并不认为仅凭我一个人的观点就导致了这样的失败。里德·霍夫曼在访问期间已经广泛听取了多方意见，我相信许多人的观点是相似的，尤其是中国互联网创业者。他们共同的观点是，必须有足够的激励，让创业者认为这是自己的事业，并且要给予他们足够的授权，让他们敢于冒险和决策。但任何事业都不会一帆风顺，这是关于为什么国外互联网公司在中国不易成功的题外话了。

回顾PayPal的创立过程，我们不难发现马斯克的成功在于他敏锐地捕捉到了互联网的第一波浪潮。互联网的发展势不可当，而马斯克在互联网上找到了一个稍纵即逝的机会——互联网支付领域。

其他人也发现了互联网在贸易领域的机遇，比如美国的eBay和中国的阿里巴巴。实际上，当互联网浪潮来临时，大多数人并不完全理解它。然而，那些能够抓住机遇、利用开放技术的人，最终能够塑造未来。如今回顾过去，我们才意识到这实际上是模式创新。

深入思考模式创新，我们会发现它对互联网的普及具有重大意义。例如，如果没有阿里巴巴，许多人可能不会有网购的需求，这将导致互联网的普及程度大打折扣。因为人们需要明确上网的目的，而阿里巴巴提供了网购这一选择。科技企业家实际上是科技的早期应用者，他们推动了科技的普及。当然，随着时代的发展，新的科技如人工智能等不断涌现，我们需要不断适应和创新。

马斯克始终与时俱进。在PayPal时期，他最初坚持使用X.com作为公司名称，但当市场调研表明PayPal作为互联网支付品牌更受欢迎时，他明智地接受了这一结果，并同意将公司更名为PayPal。然而，他对X.com这个名字抱有深厚的情感，因此在收购推特后，他决定将其域名更改为X.com。

当前，美国有越来越多的网站域名不再以.com结尾，而是以.ai结尾，代表人工智能。马斯克也创立了一家名为X.ai的公司。这不禁让我们猜想，他旗下的电动汽车公司特斯拉，未来是否也会更名为X.auto，以彰显其在自动驾驶领域的雄心壮志。我认为他对此有特别的执着。

马斯克之所以选择X作为品牌的一部分，是因为他认为X象征着无限的探索、无界限的可能性，以及不断扩展直至无穷大的境界。尽管在PayPal时期，他未能完全实现将公司打造成为互联网银行和万亿企业的野心，但这段经历为未来的事业发展打下了坚实的基础。

在这个阶段，马斯克主要积累了两项资源：首先是人脉资源，这得益于PayPal在美国形成的被称为"PayPal黑帮"的强大势力，PayPal的同事对他的职业发展帮助很大。其次，他积累了丰富的实践经验。在这个过程中，马斯克认识到，要实现目标，就不能畏惧冲突和指责，这在某种程度上也强化了他的"暴君"性格。

　　我们可以发现，人们对马斯克和乔布斯的评价有相似之处。许多人认为他们是专横的领导者，与他们共事并不总是令人愉快的。但是，如果不与他们合作，项目往往难以成功。这一相似点源自他们坚定不移的执着，为了实现目标，他们愿意不惜一切代价。

　　就创业历程而言，PayPal的创立可以被视为马斯克首次真正意义上的成功创业。与他早期的游戏和软件项目相比，PayPal不仅拥有完整的团队和业务架构，而且在他离开后仍能持续运营和发展。

　　凭借这些资源和经验，马斯克在后续的创业过程中更加谨慎地选择创业目标。他意识到自己拥有改变世界的能力，因此必须站在时代的前沿，利用天时地利人和，去追求更具影响力和意义的项目。这正是他后续一系列令人振奋的创业故事的起源。

　　对于马斯克的PayPal创业故事，我相信许多创业者，尤其是中国的创业者都能感同身受。大部分创业者最初创业的原因很简单——为了摆脱贫困。

　　创业者总是孤独的，因为他们总是站在最高的地方，看得最远。但有时候，旁人并不能理解。这时，你可能需要其他创业者的理解和支持。希望创业者之间能够彼此理解、互相支持。

09

特斯拉的崛起

特斯拉的起源和发展：从投资到创业

正如前文所述，PayPal的创业经历为马斯克积累了宝贵的经验，即便他离开了PayPal，这些经验依然帮助他开辟了新的事业道路。而硅谷作为科技创业的热土，也为马斯克提供了寻找潜在合作伙伴和投资项目的良机。

马斯克在创业成功后，不仅积累了财富和声誉，还组建了一支团队，这赋予了他选择和投资项目的强大能力。在斯坦福大学的一次交流中，马斯克遇到了特斯拉的创始团队。这个团队认为，利用成熟的笔记本电脑锂电池技术，通过并联大量电池，可以实现电动车所需的能量输出。

这一理念后来得到了验证，即便在电动车领域，锌电池也未能取代锂电池的地位。特斯拉一直使用的是18650型号电池，通过排列成千上万个这样的电池，并通过电池管理系统进行有效管理，确保在电池容量下降时，输出功率依然稳定。

电池的布局在电动车设计中至关重要。传统燃油车有油箱，但电动车不能简单地为电池配置一个"电箱"。电动车的电池是平铺在底盘上的。这种设计使得电动车在车型结构上与传统汽车不同。

车型结构的不同实际上为电动车带来了一定的优势。由于传统燃油汽车的油箱和传动系统重量较大且位置偏离中心，这导致了平衡控制上的难题。中国本土汽车制造商的平衡控制技术不如欧美高端品牌（例如奔驰、宝马、奥迪）先进，这就是两者之间存在的差距，进而影响了本土汽车的定价策略。

随着电动车的兴起，电池被均匀地分布在车辆的中心位置，这不仅降低了电动车的重心，还实现了更均衡的重量分布，显著提升了汽车的操控性能。这一进步使得车企能够提高电动车的市场定价。同时，电动车的出现也解决了中国汽车企业长期面临的某些技术难题。

在创业过程中，机遇和运气有时也扮演着关键角色。当某个解决方案意外地展现出额外的好处时，其潜力便得以显现。

当初，马斯克在斯坦福大学遇到了一群具有远见卓识的创业者。他们正确地认识到锂电池技术的革命性，并且由于这项技术是开放的，他们可以通过购买来获取。他们提出的思路是将锂电池技术应用于电动汽车，尽管初期的电动车仅能提供有限的续航里程，但在性能上已经展现出明显的优势。马斯克认为这一事业前景广阔，并决定支持这些创业者开始他们的创业之旅。

尽管马斯克的初始投资额仅为几千美元，与彼得·蒂尔向学生提供的10万美元相比显得微不足道，但这笔资金对创业者的公司成立起到了至关重要的作用。

随着公司的不断成长，电动车的潜力变得越来越明显。创业团队从一开始就坚持走非混合动力的发展道路，他们相信电动车的系统已经足够出色。电动车的能量输出系统和传动系统相较于传统燃油车来说更为简洁。鉴于电动车系统本身的简洁性，团队认为没有必要回归到更复杂的传统系统。马斯克和他的创始团队一直贯彻这一理念。

马斯克自创业之初便秉持锂电池革命的信念，直至今日，特斯拉所面临的某些挑战仍然与这一信念紧密相连。马斯克渴望一步到位，然而革命性的变革往往需要逐步推进，其中可能包含多个目标相对容易实现的过渡阶段。技术发展往往难以精确预测，如果技术更新迅速，过渡阶段可能会显得尴尬；反之，如果技术更新缓慢，过渡阶段则可以更加从容。电动车行业恰好属于技术快速更迭的领域，马斯克及其团队再次准确地预判了这一趋势。当然，这也意味着在中国，那些选择混合动力路线的企业在近年来的过渡阶段遭遇了不少挑战。

许多创业者在追求技术创新和应用机会的过程中，经常会遇到一个问题：当他们终于发现一个具有革命性潜力的技术或应用机会时，市场上却充斥着各种不同的意见，甚至包括专业级别的分歧。我曾与国内资深的传统汽车产业领导层交流，他们认为电动车存在许多亟须解决的问题，例如续航里程受限、安全隐患，以及一系列燃油车不会遇到的问题。他们坚信，燃油车经过多年的发展，其技术性能优于电动车。然而，作为新兴技术代表的电动汽车，自然会面临各种待解决的问题。

但是，现实已经证明我们对电动车潜力的预见是正确的。在产业中，有一种说法叫作"赢家的诅咒"，即上一轮的赢家难以跳出自身成功经验的框架，认为世界理应按照他们熟悉的方式运转。例如，燃油车领域的赢家通用汽车公司、福特汽车公司等，由于在燃油车领域取得了巨大成功，加之燃油车技术经过长时间的演进和性能调优，从技术层面讲确实没有明显缺陷，性能卓越，因此这些老牌燃油车企业就会更倾向于发展燃油车。

实际上，这里面涉及能力边界的问题。电动车的能力边界远远超越燃油车，尽管尚未完全实现。这正是创业者的机会所在，一旦电动车突破技术瓶颈，其性能将远超燃油车。例如，目前电动车的续航能力已接近甚至超过1000公里，安全性也通过多种实验测试，得到了显著提升，如电池穿刺实验、阻燃实验等。此外，电动车与自动驾驶、车内智能、车外智能的结合具有绝对优势，因为电动和智能化更容易融合，而机械传动在反应速度上则相对逊色。

在技术变革的时期，我们不应过分依赖业内专家的意见，因为许多专家可能受限于过往的技术经验，他们的判断可能缺乏前瞻性。因此，在这种时候，我们需要独立思考，勇敢地坚持自己的主张。

马斯克的非凡之处在于，在互联网尚无先例时，他敢于开创先河；而在有先例可循时，他又能进行理性的分析，找到更优的路径。这种精神也是中国企业需要学习的，即永远不要让过去的成见和所谓的"惯例"束缚自己，而是要不断探索更好的机会。

特斯拉的发展历程正是这一精神的体现。当马斯克意识到电动车需要锂电池，纯电动可以引领变革时，他没有选择先做混动过渡，而是坚定不移地投入纯电动领域。这一决策使得特斯拉在纯电市场真正到来时，成为行业的引领者。马斯克的这一行为模式，也是他今天成功的一个关键因素。

电动车的技术核心：任务分解和性能调优

当年那些与马斯克一同创立特斯拉的伙伴们，更擅长技术领域的工作，因此他们更适合担任首席技术官（CTO）而非首席执行官。随着马斯克逐渐接管公司，尽管创业伙伴们依然持有公司股份，却不再担任其先前的职位，从而实现了管理层的自然更迭。在企业运营中，管理层的更替和职位变动是常见现象，关键在于企业核心系统能否持续稳定地运行。只要系统保持连续性，人员的更迭和职位的调整就不会对运营产生重大影响。

马斯克接管公司后，面临诸多挑战，同时也取得了一些成就，例如Model S和Model X车型的逐步推出，标志着特斯拉在电动汽车市场得到了广泛认可。

马斯克的造车历程可以分为两个阶段。第一阶段是学习如何造车。他从日本车厂购买了一条传统的流水线，并进行了改造。起初，他利用现有的汽车底盘，在传统制造流程中加入了电池，推出了Roadster车型，这是一款小型跑车。尽管这款车型并非革命性的电动车，但它标志着特斯拉正式进入电动汽车市场。

马斯克深知，在电动汽车市场尚未成熟、自身经验不足的情况下，挑战强大的竞争对手并非明智之举。因此，他选择以高端车型作为切入点，推出了在美国售价超过10万美元的Model S和Model X。

我们通常会认为高端车型更赚钱，但实际上，低端车型由于量产的优势，往往能带来更高的利润。马斯克当然也明白这一点，他的目标是在实现量产之后，通过低价策略覆盖更广泛的市场。因此，他选择先用高端车型积累规模化生产的经验，待经验足够后，再将技术应用于低端车型以实现规模化生产，从而获得成功。这一策略不仅避免了与强大对手的直接竞争，还为特斯拉的未来发展打下了坚实的基础。

马斯克造车的第二阶段是通过制造和销售Model S和Model X积累经验后，实现Model 3的量产。这并非易事。

如果未来的电动车全面普及智能驾驶技术，无线充电技术将成为不可或缺的一部分。早在2018年，无线充电公司就已经在与特斯拉探讨合作的可能性。然而，在2018年年中，马斯克宣布暂停所有外部合作，全身心投入Model 3的量产。2018年的整个夏天和秋天，马斯克都住在工厂里。尽管马斯克做事执着，但他并非汽车产业的专家，也没有丰富的经验。即便如此，他还是洞察到了汽车产业的规律，并认为应该总结出规律成为专家，而不是单纯依赖通用、福特等传统汽车制造商的专家。

在新冠疫情期间，为了应对经济压力，许多企业选择了裁员。特斯拉也不例外，它在疫情期间裁减了大约5000名员工。这些被裁员工中不乏真正了解如何制造电动车的专业人才，但这是无奈之举。按照常理，有志于制造电动车但缺乏经验的通用、福特等传统汽车制造商应该争取这些人才。然而，通用汽车公司和福特汽车公司并未采取行动，这些人才反而被谷歌、苹果、亚马逊等科技巨头吸纳。

通用汽车公司和福特汽车公司也相继推出了混合动力和纯电动的电动汽车。通用汽车公司在2017年底至2018年初，推出了纯电动车型Bolt和混合动力车型Volt，这两款经济型车的定价均为3万美元，与特斯拉的Model 3相似。然而，由于Bolt和Volt从根本上讲并非革命性产品，尽管它们比Model 3提前一年量产，但在那一年的销量仅为1万辆。与此形成鲜明对比的是，特斯拉Model 3尚未上市，预订量就已超过60万辆，这凸显了两者之间的巨大差距。一旦Model 3开始量产，预计将对通用汽车公司和福特汽车公司产生重大影响。

Model 3的量产时间定于2018年底，这一时期正值特斯拉结束外部合作、集中力量攻克难关之际。数据显示，到了2018年底，特斯拉的交付周期已大幅缩短，从数月缩短至一周内，这表明特斯拉已经解决了量产问题，并顺利完成了之前的订单。

从2018年底、2019年初至今，特斯拉的市值已经实现了至少10倍的增长，显示出其巨大的潜力。

在科技研究领域，中国存在一个误区，即过分重视高校和基础科学研究，而忽视了技术转化和应用的重要性。实际上，推动进步的关键在于将科学技术转化为实际应用。技术的核心在于任务分解和性能调优，而科学往往追求的是单项技术的领先。例如，在科学上，我们需考虑电池如何实现能量密度的突破；但在技术上，我们更需关注电池的安全性、经济性等综合指标。

对于前沿科技，人们通常认为科学家面临的挑战巨大，但企业家同样如此。科学家和企业家的最大区别在于，科学家追求的是单项技术的领先，而企业家则需综合考虑如何将先进科技转化为实际应用，服务于社会。

总的来说，科学家直接将科技从实验室中提取出来是难以实现的，这需要企业家的介入。企业家是推动社会进步的真正动力，特斯拉就是这一观点的典型代表。

特斯拉的老问题与新问题:量产能力与型号丰富化

特斯拉在其发展历程中始终追求卓越,致力于提供终极解决方案,这与PayPal当年面临的挑战相似。不同的地方在于,如果马斯克当初选择留在PayPal,他可能会受限于单一的发展路径,因为那时PayPal专注于一个明确的目标——打造一个价值万亿美元的互联网银行。相比之下,特斯拉目前至少有三个不同的发展方向。

特斯拉的第一个发展方向是继续将电动车推向极致。他希望特斯拉每年生产的电动汽车数量能够达到全球汽车总保有量(约20亿辆)的1%,即每年产量达到2000万辆。然而,2023年特斯拉的年产量还不到200万辆,距离目标产量还有10倍的差距。因此,从当前产量到目标产量的提升过程中,蕴含着巨大的发展潜力。

值得注意的是,即便是全球汽车产量最大的公司丰田,其年产量也仅为1000多万辆。特斯拉要实现既定目标，意味着必须超越丰田的生产规模，这虽然看起来不太可能，但马斯克将其视为完成任务的一半。然而，要实现这一目标并非易事，因为特斯拉在电动汽车产品线上的布局还显得较为单一。

目前，特斯拉的产品线仅包括Model S、Model X、Model 3和Model Y四款车型。原本Model 3计划命名为Model E，但由于该名称已被占用，最终改名为Model 3。这些车型组合在一起，形成了特斯拉独特的命名规则，也颇具趣味性。然而，与之相比，传统汽车制造商通常拥有数十款甚至上百款车型，产品线相当丰富。

因此，特斯拉偏向单一的产品线可能会带来一系列潜在问题。在美国市场，特斯拉面临两个主要竞争对手：Lucid Motors和Rivian Automotive。Lucid Motors将特斯拉视为竞争对手，其产品定价高于特斯拉，但性能未能超越。Lucid Motors的两款主要产品旨在与特斯拉的Model S和Model X竞争，但鉴于特斯拉这两款车型已经实现量产，Lucid Motors推出性能不如特斯拉却定位更高的产品几乎是不可能成功的。

　　Rivian Automotive是一家专注于特斯拉尚未触及的产品领域的公司。该公司推出的两款车型在传统汽车市场中极受欢迎，而特斯拉由于车型扩展速度不够快，尚未覆盖这一细分市场。其中一款车型是大型运动型多用途汽车（SUV），尽管Model Y和Model X也被归类为SUV，但它们并不属于大型SUV。由于大多数美国人居住在郊区，他们每次购物都会购买大量物品，因此需要一辆能够装载大量货物的车辆。此外，美国人酷爱旅行，他们喜欢带着孩子、宠物甚至家具等长途旅行，这就需要车辆有足够的空间。因此，真正受欢迎的大型SUV设计为方形，具有较大的装载空间，而Model Y并不符合这种设计。

　　美国人同样钟爱的另一款车型是皮卡，因为皮卡的开放式后车厢能够满足消费者对装载能力的需求。特别是Rivian Automotive生产的皮卡，其后车厢与前座之间有一个空间，可以横向拉出一个烤炉，这样的设计满足了大多数人露营的需求。实际上，这两款车型在美国的销量非常大，但特斯拉尚未推出新车型来占据这一市场。

特斯拉推出的赛博皮卡（Cybertruck）虽然时尚前卫，并且在美国逐渐流行，但我并不认为它会成为一个非常成功的品牌。消费者在选择车型时，通常会根据需求来决定，例如轿车、跑车或货车等。对于皮卡车型，消费者更看重的是其装载能力。然而，Cybertruck的后车厢是斜的，装载能力受限，无法满足部分消费者的核心需求。

此外，Cybertruck的一些性能特点似乎并不实用。例如，它的零到百加速时间仅为两秒多，可以与跑车相媲美。但是，作为一款皮卡，其核心功能并不是提供瞬时大功率输出，而是提供强大的扭矩和装载能力。因此，Cybertruck的性能配置与其实际使用需求并不完全匹配。

在这种情况下，可能会出现这样的局面：尽管Cybertruck拥有时尚前卫的外观和独特的性能，但它缺乏皮卡车型最基本的功能。因此，那些想要购买皮卡的消费者可能不会选择Cybertruck，因为它不符合他们购买皮卡的最初需求。

特斯拉在电动车产业链方面也面临一些问题。其整个产业链目前都在中国，而不是在美国。尽管马斯克正试图将很大一部分产业链转移到墨西哥，但美国政府的干预无疑断了特斯拉的后路。由于缺乏产业生态支持，特斯拉在扩展生产线和增加车型方面遇到了困难。而且，特斯拉目前只有几款车型，其中Cybertruck的未来发展还存在不确定性。

相比之下，Rivian Automotive在皮卡车型的设计上显得更为明智。当电动车技术创新做到了一定程度时，Rivian Automotive选择保留皮卡的主要功能，这能够吸引原本使用传统燃油车皮卡的用户。如果连外形也进行大幅度创新，同时减少原有功能带来的便利，那么用户的接受度就会降低。

因此，在创新过程中，企业需要做出明智的决策。当产品中有一点已经足够创新时，其他部分就不应过度创新。特别是在满足消费者核心需求方面，企业应更加注重实用性和功能性，以确保产品的市场竞争力。

先进科技企业的"技术预埋"

特斯拉的第二个发展方向是自动驾驶技术。随着这项技术的进步，我们预见到将出现无人驾驶。

截至2025年1月，Uber的市值为1000多亿美元。其市值的增长主要受到两个关键因素的限制。

首先，传统车辆必须配备驾驶员，这导致了高昂的成本和有限的利润空间。其次，人力的限制也制约了车辆数量的增长。因为需要驾驶员来操作，而驾驶员的数量是有限的。一旦自动驾驶技术得到广泛应用，不再依赖驾驶员，单个车辆的成本将大幅降低，同时车辆的数量也将得以增加。

自动驾驶的到来将引发一场深刻的变革。当车辆不再需要驾驶员时，车辆的制造潜力和使用效率将极大提升。这些车辆的折旧率低，能够灵活地投放在合适的位置，确保任何人在需要时都能获得交通工具。即便这些车辆暂时闲置,它们也能发挥新的用途。将众多闲置车辆集中起来,在非运营时段,它们可以作为储存电能的装置,从而成为城市动态储电系统的一部分。因此,一个城市如果拥有大量这样的车辆,它们在运行时是交通工具,在闲置时则转变为储能电池,无论是在使用中还是闲置时,都能发挥不同的功能和作用。

当然,上文只是举了简单的例子。自动驾驶技术的普及将对我们生活的方方面面,甚至社会结构产生深远的影响。这也是马斯克在自动驾驶领域所追求的目标。因为自动驾驶与车辆是密不可分的,而特斯拉采用的是纯视觉技术路线。纯视觉技术的一个优势是无须硬件升级,仅通过软件更新就能享受更高级的技术。例如,车辆出厂时配备高清摄像头,随后通过软件升级,就能提升自动驾驶的能力。这意味着,即使是之前出售的车辆,虽然在自动驾驶技术上存在不足,但未来通过软件升级,也能提高其自动驾驶性能。

这也是硅谷科技企业的特点之一——技术预埋,即预先考虑到未来可能的应用场景,并将这些技术嵌入程序中，以便未来所有产品都能利用这些技术。

如果新技术仅限于新一代汽车使用，而旧款汽车无法使用，这将导致特斯拉的老用户无法体验自动驾驶功能，可能会造成客户流失。相反，如果老用户也能体验自动驾驶功能，那么马斯克将立即拥有世界上最大的自动驾驶车队。

这一观点可以从两个方面来验证。首先，马斯克在2023年的财报和投资者日上明确表示，未来每位特斯拉车主都将能够将自己的车辆出租作为出租车使用。具体来说，车辆将配备两种自动驾驶模式：一种供车主个人使用，另一种则由特斯拉统一调度。马斯克还估算，一辆特斯拉每年能为车主带来超过3万元人民币的收入。

这一愿景极具吸引力，甚至有人戏言，如果不够勤奋，家里的车赚得都比人多。这对于车主来说是个好消息，尤其是对于像Model 3这样的经济型车，大约一年就能收回成本，之后便是净收入。此外，马斯克还提到，这些车辆即使在出租车运营模式下，也能保持11年的使用寿命。

其次，虽然马斯克在公开演讲中没有直接提及，但在他的自动驾驶方案中提及了"车队管理"（Fleet Management）这一概念。这意味着，即使当前的车辆不具备自动驾驶能力，但只要在车内预装了车队管理软件，一旦车辆升级获得了自动驾驶能力，就可以激活车队管理软件，车主便能将车辆纳入特斯拉的统一出租车运营体系，实现车队的高效管理与调度。特斯拉已经预设了这一能力，因此自动驾驶出租车这个梦想正在逐步实现。

无线互联的未来预测

特斯拉的第三个发展方向是利用自动驾驶背后的系统来训练机器人。自动驾驶技术仅限于将人从一地运送到另一地，而机器人则能帮助人们完成更多任务。

当前，许多需要大量人力以及需要特定专业技能的工作，最适合由机器人来替代，例如烹饪、酒吧服务、按摩等。将这些重复性劳动交给机器人，人类就可以专注于创造性的活动，从而推动社会进步。

2024年，全球人口总数约为80亿，而机械臂数量相对较少，且主要集中在工业领域。但在未来10年内，机械臂的数量可能会超过80亿个。随着机械臂数量的增加，甚至不需要将机械臂设计成人的手臂形状，只需根据需求移动机械臂即可完成特定任务。当机械臂数量进一步增加时，甚至无须移动，只需在每个需要的地方安装一个机械臂。

未来，带有机械臂的桌子将变得越来越普遍，对于那些办公桌面杂乱无章的人来说，会有具备视觉支持的机械臂，在主人离开后自动帮助整理桌面。

人类作为独立个体，需要整合多种能力，包括大脑的计算能力、眼睛的输入能力和手的输出能力。但机器人无须遵循这种整合规律。机器人的大脑可以是独立的，犹如手机或计算机，其他部分通过无线通信连接，传感器可以是独立的，如墙上的摄像头或传感器，而手则是机械臂。它们被串联起来，拥有大脑和视觉。也就是说，未来的机器人可以是模块化的。

由此可见，人形机器人并非未来的方向，因为机器人的进化无须遵循人类的进化规律。

正如麻省理工学院著名教授迈克斯·泰格马克在《生命3.0》一书中所阐述的，人工智能生命可以不遵循进化轨迹，而是直接脱离进化轨迹，成为一个为适应特定应用而设计的结构，这才是人工智能未来的发展方向。

目前，人工智能正处于一个转折点，过去它主要关注内容的生成，而未来它将转向终端智能。这意味着即便是手机这样的终端设备也将具备智能，不仅能够生成内容，还能理解用户的行为，并为用户做出决策，直接采取行动。这是一个全新的、更为广阔的市场。

马斯克所探索的每一个领域都具备出现万亿级企业的潜力，而要实现如此宏伟的理想，对任何CEO而言都是巨大的挑战。尽管如此，我们仍然倾向于相信马斯克能够承受这些压力，并有可能实现这些宏伟的愿景。

这主要是因为马斯克拥有前瞻性的思维。他能够洞悉前沿趋势，并将理论与实践相结合，进行战略性的布局。

在互联网时代，我们有像凯文·凯利这样的著名思想家，而无线互联网时代似乎缺乏真正的思想领袖。直到最近，人工智能领域才开始涌现出一些像泰格马克这样的思想家。尽管如此，这些新兴思想家的影响力似乎仍不及互联网时代的前辈。

我始终认为，只有产业与思想界的深度结合，才能够催生出像特斯拉这样的伟大企业。展望未来，中国不仅应该让其产品被全世界接受，还应该让我们的思想走向世界，得到全球的认可。

06

SpaceX 的成功

商业航天市场机会的虚和实

在前文中，我们探讨了特斯拉的崛起，这是马斯克目前最为人所知的两项商业成就之一。现在，让我们深入分析另一个与特斯拉齐名的伟大商业项目——SpaceX。

从探索宇宙这个视角来看，许多人认为SpaceX的宏伟程度不亚于甚至超越了特斯拉。尽管如此，我们仍须理性和客观地审视这一问题。

首先，从能力边界和市场机会的角度分析，SpaceX未必能超越特斯拉。这是因为特斯拉涉足多个具有广阔市场潜力的领域，而SpaceX则专注于两个主要方向：
一是提升运载能力，向太空发射卫星和运送物资；二是
星链计划（Starlink），即太空互联网项目。当然，未
来可能还会出现第三个方向，即火星殖民。马斯克可能
会成为火星殖民的领导者，但这一目标目前看来还遥不
可及。

SpaceX的成功在很大程度上归功于其与火星相关的
愿景。马斯克年幼时在书中读到，如果能在火星上创建
一个绿洲，并让其逐渐扩大，就可以实现火星殖民。可
见，马斯克的行为模式是先有一个宏伟的理想，然后努
力去实现它，而不是先积累资金，再考虑能够实现什么
目标。

然而，火星殖民的实现难度极大。与火星相比，
地球的生态系统健全且易于维持，这是地球经过亿万年
演化所形成的独特优势。地球表面的活性气体，尤其是
氧气，是不稳定的，易于与其他物质发生反应。相比之
下，其他星球上要么没有气体，要么是惰性气体。地球
表面的氧气主要来源于海洋中的蓝藻，这些蓝藻对地球

的改造过程可以追溯到数十亿年前。经过漫长的岁月，才形成了如今地球表面的氧气环境。

蓝藻还有其他功能，比如为其他生态系统的形成提供基础，让动植物得以生长。此外，蓝藻还能形成碳结构。其他星球表面多为岩石结构，而地球表面则覆盖着一层碳结构，这是由死亡后的藻类、植物和动物堆积而成的。实际上，地球是一个活生生的星球，其演化过程以亿年为单位。

因此，如果要在火星上建立一个无须封闭的开放生态系统，让人们能够自由呼吸并自由地在室外活动，这样的改造过程无论如何加速，也需要以万年为单位来计算。在这种情况下，任何商业模式都显得不切实际。马斯克正在尝试的是一项可能在万年后才能实现的事业，而我们目前几乎看不到任何加速的可能性。

还有一种方式是建立封闭式的小生态系统。尽管有实验表明这种封闭生态系统是可行的，但也暴露出许多问题。首先是人长期在封闭空间中生活，容易出现精神健康问题。其次是这种生态系统非常脆弱。例如，一旦某种植物灭绝，可能会引发连锁反应，导致整个系统的崩溃。因此，将人类殖民地安置在火星地下的方案是不可行的。

刘慈欣说过："人类面前有两条路：一条向外，通往星辰大海；一条向内，通往虚拟现实。"

在我看来，虚拟现实对人类具有重大意义，它能够促进更深层次的协作，并有助于我们社会的和谐发展。然而，我们探索星辰大海的道路充满了挑战。不要说达到光速，即便是达到光速的1%，对我们来说也是极大的挑战。也就是说，如果没有物理学上的重大突破，我们的星际旅行梦想几乎是不可能实现的，更别提全人类的星际旅行了。因此，即使马斯克也有浪漫的一面。

但我们必须承认，马斯克确实抓住了两个市场机遇，一是向太空运送物资，二是向太空运送宇航员。自从美国空天飞机计划[1]中断后，美国一直依赖俄罗斯的飞船来运送宇航员。直到马斯克成功将宇航员送入太

1　空天飞机计划（Aero-Space Plane Project），美国研制的利用吸气式发动机或组合式发动机进入地球轨道的航空航天器的计划。

空，才打破了这一窘境。

因此，马斯克通过运送宇航员和太空物资，已经能够获得丰厚的回报。

Starlink 开辟的新市场

据公开数据统计，2023年，全球共发射运载火箭223次，其中SpaceX发射98次，占45%。全球共发射卫星2945颗，SpaceX发射2514颗，占全球总量的85%；2024年马斯克将这个目标定在了90%。换言之，除SpaceX外，全球其他国家的太空货运总重量仅占10%，而马斯克独占了90%。马斯克的目标是进一步增强运载能力，计划将SpaceX的太空货运量占比提升至99%，将竞争对手的份额压缩至仅1%。

尽管火箭技术本身未发生重大变革，但SpaceX通过深度优化性能，实现了火箭的重复使用，并显著提高了发射成功率，使得火箭发射成为日常可进行的活动。马斯克通过提升发射效率，取得了他人未能取得的成就。

尽管通过SpaceX运送货物能够带来收益，但收益并不显著。其真正的价值可能在于马斯克所打造的太空互联网项目。

在技术创新领域，一个常见的误区是将新技术与现有技术进行简单比较。许多新技术的出现，并非仅为了完成单一任务，而是在实际应用中不断展现其更广泛的价值。太空互联网项目可能正是这样一个案例。表面上看，太空互联网的主要功能是提供网络连接，但其覆盖范围并不大，仅能为偏远地区提供服务。仅靠这一功能，很难扩展用户群体。

目前的带宽已经足够宽，速率足够快，数量足够多，成本足够低，足以覆盖大量用户，卫星互联网已初具规模。一个成熟的卫星互联网运营商，其潜在市值可能达到数百亿甚至上千亿美元。

更为重要的是，太空互联网可能是下一代通信技术的"星辰大海"。在宇宙飞船返回地球的过程中，当飞船进入大气层时，会因剧烈摩擦产生电离层，导致通信中断，这一阶段被称为静默期。在静默期，飞船容易发生意外事故。然而，马斯克的SpaceX发射的火箭记录了其返回地球的全过程，通信并未中断。许多人认为这违反物理规律，实际上，这正是太空互联网的优势所在。

截至2024年12月17日，SpaceX总共发射了7546颗卫星，这一数字仍在持续增长。马斯克的愿景是将卫星数量扩展至数万颗，从而构建一个覆盖广泛的网络。这个网络确保了在飞船返回过程中，无论何时，至少有一颗甚至多颗卫星能够提供中继服务，保证实时信号不是直接传回地面，而是通过卫星中继传输。这一技术进步不仅解决了静默期通信中断的问题，还为未来的太空通信开辟了新的可能性。

星链计划的意义深远，尽管目前尚未完全被发掘。正如坦克在最初被设计时，人们认为其主要用途是在阵地战和战壕战中封堵敌方火力点，但随着实际应用的深入，人们逐渐意识到坦克作为移动堡垒的价值。同样，星链计划也预示着太空互联网更广泛的应用前景和潜在价值。

在军事领域，太空互联网已经展现出其应用潜力。例如，在俄乌冲突中，乌克兰利用星链卫星系统实现了实时调度、网络覆盖、无人机监控以及地面打击等关键功能。这些应用只是科技发展的一小部分，太空互联网的更多用途和意义尚待我们进一步探索。

通过研究SpaceX的业务，我们可以清晰地看到，科技的应用是多方面的，甚至能够扩展到航空航天领域。

SpaceX 的诞生与航天产业生态的构建

尽管马斯克怀揣宏伟的梦想，但他实现这些梦想所需的技术并非源自个人或企业，而是源自美国航空航天局（National Aeronautics and Space Administration，NASA）。美国政府认识到，许多先进的研究机构掌握大量技术，但这些技术尚未实现民用化。只有在广泛的应用中，才能发现并解决技术问题，不断进行优化，从而增强技术实力。这样，无论是在军事领域，还是其他领域，技术都能得到更有效的应用。

在中国，这一逻辑同样适用。例如，航空母舰、大型驱逐舰和飞机在过去几年的快速发展就得益于过去40年相关技术在民用领域的大量应用积累。当军用领域出现需求时，可以将民用领域的尖端技术整合起来，进而推动军事技术的持续进步。这反映了健康产业生态循环的重要性。

通过NASA的技术转让，美国政府逐步将先进的技术向民用领域开放，并形成了一种互相激励的文化。例如，在位于加利福尼亚东南部沙漠中的小镇莫哈维（Mojave），有一个被称为莫哈维航空航天港（Mojave Air and Space Port）的地方。这里孕育了许多小型航天公司，包括SpaceX在内的公司都曾在这里孵化。这些公司相互支持，共同攻克技术难题，致力于改变世界。

目前，中国也有许多民营公司正在研究火箭运营和发射技术。如果国内航天发射技术能够从国家研究机构向民用领域转移，那么就可能会促进航天技术的发展。过去的40多年里，中国的改革开放主要集中在经济领域，重点是消除贫困和实现共同富裕。然而，对于年轻一代来说，确立宏伟理想并掌握科技手段去实现这些理想变得同样重要。

不仅是马斯克，还有许多人给我们树立了这样的榜样。

想象一下，如果你想乘坐火箭前往火星，目前最快的方式也需要大约7个月的时间。在这漫长的旅程中，你将如何度过？

为了解决这个问题，美国的一家名为毕格罗宇航（Bigelow Aerospace）的航天公司提出了一个创新的想法：开发充气式太空舱。

Bigelow Aerospace由美国酒店业大亨罗伯特·毕格罗于1999年创立，这家公司的核心技术是可膨胀的太空舱模块，这种模块在发射时可以压缩到较小的尺寸，而进入轨道后，可以展开并形成更大的居住空间。

罗伯特·毕格罗在成功经营酒店业务后，开始思考是否能在太空中开设酒店。他从NASA获取了技术，开发了太空舱，并将其与火星计划联系起来。我曾参加过一个夏令营，参观了NASA，并专门了解了这个项目。他的未来计划是将太空舱直接发射到火星。由于太空舱是塑料材质，不够坚固，因此他计划将其埋入地下，并在上面覆盖土壤以增强其结构，从而为人类提供一个居住环境。由于火星大气层稀薄，人类无法在室外居住，因此这是一个可行的设计方案。

此外，美国的太空产业已经逐渐发展成为一个完整的生态系统，涵盖了发射、卫星、旅行和安全保障等多个方面，每个环节都由专业团队负责。SpaceX重新设计了太空服，使之更符合现代审美，并提供了各种太空训练，使得太空产业变得更加丰富多彩。

在创业过程中，寻找合作伙伴和构建生态系统至关重要。众所周知的木桶理论也有了新的解释：关键不在于规避短板，而在于拥有长板。拥有长板就能与其他人的长板合作，强强联合，实现更大的目标。而这些长板往往是在新生态中逐渐发展起来的。

电动车产业就是一个典型的例子。在过去十几年中，中国的电动车领域从仅有几个领先企业，发展到现在形成了一个完整的生态系统，拥有了多个长板。例如，一体成型的压铸工艺，中国就拥有世界上最完整的产业链。因此，当特斯拉想要购买压铸机时，它也会选择与中国企业合作。

由此可见，当一个生态系统在中国成长起来时，它就不会受制于人。对于今天的创业者来说，不仅需要有远见和能力，还需要具备协作精神。在前沿领域进行协作，共同创造新的生态系统，将带来共赢的局面，从而产生许多长板和不可替代的优势。我也希望中国的创业者秉持这种精神，推动电动车产业以及其他更多领域的创新性发展。

07

那些不被提及的故事

太阳城的教训

大多数人一生中只创立了一家企业，而马斯克却创立了多家企业，并且其中一些企业都取得了卓越的成就，这在创业者中是相当罕见的。

马斯克的创业历程可以分为两个部分。第一部分主要包括上文提及的几个已经取得显著成功的企业，例如PayPal、特斯拉和SpaceX。第二部分则聚焦于那些目前尚未取得显著成就，但未来潜力巨大的企业。马斯克认为，企业经营的常态是"九死一生"，因为企业经营并非精确的物理或数学推算，而是受到许多人为因素的影响。即便是马斯克的企业，也不是每次都能成功。因此，马斯克采取了持续创业的策略，并从失败中吸取教训，以期逐步提高成功率。

在积累失败经验的过程中，马斯克一方面会寻找针对性的解决方案以提升成功率，另一方面，他也意识到创业不仅是业务的竞争，更是资本、资源和信用的较量。随着信用的不断提升，成功的可能性也随之增加。

硅谷目前拥有一批连续创业者，他们因过去的成功而受到风险投资人的青睐。无论创业者的项目如何，风险投资人总是乐意投资，因为他们相信这些创业者能够再次成功。

在选择投资对象时，风险投资人更倾向于那些已经成功过的人，因为他们相信这些人做出的选择是理性的。马斯克同样具有这种吸引力，如果他现在要从零开始创业，仍然能够吸引大量的天使投资者，因为大家相信他下一次也一定会成功。然而，马斯克与其他连续创业者不同，大多数人是一次完成一个项目，而马斯克却能够同时管理多家公司。

此外，美国创业者擅长发现机会并推动业务发展。他们将公司机制完善到一定程度后，便计划退出，此时公司仍有未来的发展前景，只需要守业者来维持现状，而创业者则可以转向下一个项目。这也值得中国企业家借鉴。如果一家公司非你不可，坦白说，这其实是一种失败。如果一家公司即使你离开，仍然能够良性发展，这才是真正的成功。

美国的连续创业者中有许多人经历过四五次创业。他们深知创业并非一蹴而就，通常需要4~5年甚至更长时间的投入。许多创业者年纪较大，这是因为他们在成功之前已经历了多次创业尝试。

即便是像马斯克这样的成功企业家，也曾遭遇过挫折。他同时经营的3家公司——特斯拉、SpaceX和太阳城（SolarCity）——都成功上市。但与特斯拉和SpaceX相比，SolarCity的技术含量较低，主要提供太阳能安装服务。在美国，这类公司众多，且往往具有地域性，难以形成市场垄断。因此，尽管SolarCity起初经营状况尚可，但随着时间的推移，其业绩逐渐下滑，缺乏显著的竞争优势。在这种情况下，马斯克决定将SolarCity并入特斯拉，随后问题接踵而至。

当前，众多中国企业家正致力于拓展全球化业务。在这一过程中，由于文化差异和习惯不同，他们常常面临适应难题，有时甚至会遭遇冲突。其中，利益冲突是一个常见的问题。

马斯克在合并特斯拉和SolarCity时也面临了类似的冲突。由于他在两家公司都拥有利益，合并过程中可能会出现对某一方股东的偏袒，导致估值不公平。如果对其中一家公司的估值过高，那么另一家公司的股东可能会遭受损失。更严重的是，许多人认为SolarCity的价值有限，将其并入特斯拉反而可能给特斯拉带来负担。

马斯克对此有自己的看法，他提出能源存储和使用之间存在共性，因为汽车本质上也是一个大型电池，能够储存能量。他的构想是可以将收集的太阳能储存在一个名为Powerwall的电池墙中，也可以储存在特斯拉的车辆里，使车辆成为可供电的大型电池。然而，这一理念在实际操作中遇到了困难，并未获得广泛认同。

除了利益冲突问题，马斯克也因频繁失言而招致美国证券交易委员会（United States Securities and Exchange Commission，SEC）的不满。在收到SEC的警告信后，特斯拉不得不就马斯克的言论向公众道歉。

特斯拉的失败项目

相较于接下来将要讨论的内容，上文提及的事件尚不足以被视为严重的错误。马斯克的最大决策失误发生在特斯拉内部。

特斯拉的关键时期正值普及型轿车Model 3实现大规模生产之际。一旦Model 3成功量产，特斯拉的市场地位将得到巩固；反之，若无法实现量产，特斯拉仍面临失败的风险。因此，量产对于特斯拉而言至关重要。然而，马斯克最初显然对实现量产的复杂性估计不足。

马斯克缺乏在实体产品领域的量产经验，尽管特斯拉生产的电动车与传统燃油车有所不同，但它们仍属于实体产品的范畴。这方面的专家主要集中在亚洲，特别是中国。马斯克后来认识到这一点，于是在中国建立了一座工厂，迅速实现了规模量产。

尽管最终结果是好的，但过程充满了挑战。特斯拉最初的工厂位于硅谷，规模较小，仅能满足Model X和Model S的生产需求，却无法应对Model 3的大规模生产需求。因此，特斯拉在商业环境更为友好的得克萨斯州建立了一座新工厂。在建厂过程中，马斯克过于理想化地追求生产全程自动化，但后来发现这一目标过于理想化，实现自动化并非易事。最终，马斯克意识到自动化应该是一个逐步实现的过程，而不是一开始就要实现的目标。在缺乏制造经验的情况下，急于实现自动化会导致许多问题。

马斯克总结出企业实现全面自动化需要分五步走，其中自动化是最后一步。前四步包括裁员、简化、合并和优化。他曾经表示，如果被裁掉的员工中，再聘回来的比例没有超过1/10，那就意味着裁员还不够彻底。在收购推特后，马斯克也采取了类似的策略，先进行裁员，随后发现系统出现故障，不得不重新聘请一些老员工。在这方面，马斯克已经形成了一套自己的方法论。

马斯克能够从实践中学习，总结经验。同时，他也从理论中汲取知识。他的前辈亨利·福特就是通过类似的方法实现了生产自动化。

亨利·福特最初采用了流水线生产方式，其中工人保持固定位置，而待组装的车辆则沿着设定的路线不断前进。每个工人负责特定的任务，直至车辆完成整个流水线的组装。然而，严格意义上讲，这种流水线并非自动化，而是依赖于人力推动。直到1913年，随着自动化技术的进步，特别是电力的广泛应用，流水线生产才真正实现了自动化。动力的演变经历了以蒸汽机为标志的阶段，正是第一次工业革命期间蒸汽机的使用，使得工厂能够连续操作。实际上，形成现代意义上的流水线，所需的并非蒸汽机这样的动力源，而是电力。因此，尽管第二次工业革命的发源地在英国，但各种科技硕果最终却是在美国结出的，这说明了起源并非决定性因素，而最终的成就才是关键。尽管人工智能和数字革命起源于美国，但我仍然期待中国能成为最终的最大受益者。

同样地，福特汽车公司在流水线时期安装了9台巨大的蒸汽机，但这些蒸汽机并非直接驱动流水线，而是用于发电。福特汽车公司利用这些蒸汽机产生的电力，为流水线供电。几年后，美国逐渐从自建蒸汽机供电转变为依赖电厂供电。电厂一旦接入供电系统，就能长期稳定供电，从而实现了从自产电到购买电的转变。

因此，从1916年开始，启动蒸汽机为工厂供电的方式逐渐被电动流水线和自动化流水线所取代。到了1926年，工厂开始使用外部电源驱动，而那9台蒸汽机则被封存。

正如马克·吐温所言："历史不会重复，但会押韵。"从亨利·福特等先驱的经验中我们可以看出，先优化流程确保每个人的工作精确，然后再逐步实现自动化，是一种更为明智的策略。马斯克也在不断学习和改进，从过去的经验中吸取教训，以减少犯错的可能性，因为历史已经为我们提供了宝贵的经验和教训。

离开 PayPal：背叛与友谊

马斯克的另一个失误发生在PayPal时期。他过度依赖所谓的"现实扭曲力场"来处理人际关系，实现目标，导致了剧烈的反弹，经历了信任危机和管理层的"政变"。

从今天的视角来看，马斯克当时对未来的预见无疑是准确的。例如，他设想的从互联网支付向互联网银行的转型，如果得以实施，很可能使PayPal成为全球最大的互联网银行。尤其是在美国逐渐接受比特币的背景下，如果马斯克当时在PayPal继续推进银行业务，他可能会更早地拥抱比特币。事实上，在特斯拉时期，他曾大量持有比特币，尽管之后由于股东压力不得不放弃。然而，将银行业务和加密货币相结合，无疑是一个极具前瞻性的战略。

然而，当时的马斯克在管理上，更多地强调个人远见，未能有效地凝聚团队力量。这直接导致了PayPal董事会对他的不信任，最终爆发了一场由彼得·蒂尔、麦克斯·列夫琴、里德·霍夫曼以及大卫·萨克斯等核心成员主导的"政变"。

2000年，趁马斯克与第一任妻子贾斯汀在澳大利亚度蜜月之际，蒂尔和列夫琴联合其他董事会成员，将其从首席执行官的位置上赶下台。马斯克对这次"政变"感到愤怒，但他最终意识到，这次下台未尝不是一件好事。马斯克最终告诉列夫琴："人生苦短，我们向前看吧。"他也与蒂尔、萨克斯以及其他"政变"参与者达成了和解。

因此，马斯克仍然保留了他在PayPal的股权。2002年，eBay以15亿美元收购PayPal，马斯克从中获利约2.5亿美元，这成为他创立SpaceX的启动资金，也是他为SpaceX公司预埋的一线生机。

2002年，马斯克在套现PayPal股权后创立了SpaceX，为了获得收入，SpaceX需要向商业客户和政府机构证明，猎鹰1号火箭能够成功发射入轨。

　　然而，SpaceX在早期发展中经历了多次失败。在太平洋的夸贾林环礁军事基地进行的3次猎鹰1号火箭发射均告失败，导致公司资金链紧张，濒临破产。到了2008年，SpaceX急需一次成功的发射来挽回颓势，但马斯克拿不出资金进行第四次发射。

　　关键时刻，由前PayPal董事会成员蒂尔、肯·豪瑞和卢克·诺塞克创立的风险投资基金"创始人基金"（Founders Fund）向SpaceX投资了2000万美元，为SpaceX提供了至关重要的"救命钱"。蒂尔后来在采访中表示，这笔投资也是为了弥补PayPal事件造成的裂痕。

　　2008年9月28日，SpaceX首次成功发射了猎鹰1号火箭。同年12月，SpaceX获得了来自NASA的16亿美元合同，负责向国际空间站运送12次物资。

　　也是经历过PayPal的教训后，马斯克逐渐开始重视系统化管理，在保持个人领导力的同时，也开始根据个人能力进行人事安排。例如，特斯拉的员工朱人杰因负责特斯拉中国工厂的建设而展现出卓越能力，随后被委以全球特斯拉工厂建设的重任,包括美国工厂。这一做法展现了马斯克成功的一面,也是现代管理理念的核心,即能够客观冷静地处理事务,不被情绪左右。从独断专行到系统管理,马斯克的管理风格也随着事业的起伏而不断进化。

Hyperloop 和 Boring Company

没有人是完美的,马斯克也不例外。他的性格里有过于理想化的一面。这一点可以从两件事中窥见一二。

一个是名为Hyperloop(超级高铁)的项目。严格来说,马斯克并未直接投资这个项目,但他是这一构想的提出者。他提出了Hyperloop的概念,并撰写了概念性提纲,激励人们根据提纲中的设想去实施。

Hyperloop,本质上是一种革命性的高速运输系统,其核心理念是在近乎真空的管道中运行乘客舱,从而大幅降低空气阻力,实现超高速的陆地旅行。马斯克在2013年首次公开了这一设想，并发布了一份长达57页的白皮书，详细阐述了Hyperloop的构想和技术细节。他的愿景是构建一种比高速铁路更快、比飞机更便宜的交通方式。这份白皮书并没有申请任何专利，而是开源的，允许任何有兴趣的个人和团队自由地探索和开发这一技术。

在马斯克的设想中，Hyperloop系统主要由三个关键组成部分构成：首先是低压管道，这是一种封闭的、接近真空的管道，可以显著减少空气阻力。管道内部的压力被降低到接近火星大气压的水平，从而使乘客舱可以以极快的速度运行。其次是乘客舱，或称为"豆荚"，它们是承载乘客和货物的运输工具。这些"豆荚"采用空气轴承或磁悬浮技术，悬浮在管道内，可以进一步减小摩擦。最后是推进系统，通常采用线性感应电机或磁力推进，为"豆荚"提供动力，使其在管道中高速行驶。

Hyperloop的运行方式是在地面上构建一个真空管道，管道内设有磁悬浮轨道。理论上，如果能够达到每小时1000千米的速度，那么其旅行体验将与飞行无异。想象一下，从北京到上海的距离大约是1000千米，如果采用Hyperloop技术，仅需1小时即可抵达。目前，乘坐高铁从北京到上海最快也得4个多小时。由此可见Hyperloop速度之快。

马斯克本人并未参与该项目的执行，但在他的号召下，众多创业团队还是投入了热情。然而，由于缺乏明确的领导和规则，这个项目分裂成了两个团队：Hyperloop和Hyperloop One。实际上，这两个团队在本质上并无区别，都是基于马斯克的理念进行运作的，各自融资、招募人员、推进项目，但都面临资金短缺的问题。

为了项目的顺利启动，团队采取了一种记账的方式。员工可以先行投入工作，初期不领取薪资，但他们的工作内容和时间会被详细记录下来。等到公司价值实现，开始盈利时，这些工作将转化为股权。这相当于预支了未来的股权作为工作报酬，确保了团队的积极参与，在一定程度上推动了项目的进展。

然而，Hyperloop项目要实现商业化面临诸多挑战。首先是安全性，这要求在长距离内持续保持真空状态，任何微小的失误都可能带来严重的后果。其次，建设成本极高，因为需要保持极高的速度，路线必须是直线。即便是现代高速火车，也允许一定的弯道半径，因此在实际建设中实现这一点极为困难。

马斯克可能也意识到了这些问题，但他仍然将这一构想公之于众，鼓励他人去实现，这在某种程度上显得他不够负责任。

另一个与Hyperloop相似的项目是马斯克的"无聊公司"（Boring Company）。Hyperloop是在地面上建造真空管道，而Boring Company则致力于在地下建造隧道以缓解地面交通拥堵。事实上，这个项目和Hyperloop一样难以落地。

马斯克的创新方法总是巧妙而独特。例如，在建设地下隧道时，盾构隧道掘进机（简称"盾构机"）是不可或缺的工具。它是一个装备有众多刀片的巨大圆盘，能够切削粉碎泥块和坚硬的岩石。我国许多地铁项目都是利用这种盾构机完成的。

马斯克当时的观点实际上与SpaceX的理念不谋而合：盾构机的主要问题不在于其不可用，而在于成本过高。由于盾构机的尺寸庞大，挖掘的隧道也相应巨大，他提出了缩小盾构机尺寸的想法。他认为，如果隧道仅需容纳一辆车，那么盾构机的尺寸只需现在的1/4，这样成本自然会降低，只需满足单个车辆的通行需求。

然而，马斯克在设计上犯了一个关键性错误。隧道一旦发生堵塞，就没有其他逃生路径，这是极其危险的。隧道至少应能容纳两辆车并行，以备不时之需。中国的大型盾构机在设计上就很合理，隧道内部会设计多种避险措施，而不是仅有一条通道。一旦发生事故，整个隧道可能会被封锁，不仅限于撞车事故，任何车辆故障都可能导致全面堵塞。

因此，尽管Boring Company进行了一些演示项目，比如在国际消费类电子产品展览会（International Consumer Electronics Show，CES）期间，该公司在美国拉斯维加斯市中心建造了一条仅供特斯拉车辆通行的小型隧道，但其商业价值有限。这条隧道仅有几百米长，

主要用于展示，让人们体验从一端进入，从另一端出来
的过程。尽管听起来颇具创意且带有科幻色彩，但这样
的隧道只适用于一些特殊场合，例如白宫出于安全考虑
而建造的地下通道。其实际应用的空间相当有限，商业
潜力也相对较小。可以预见的是，这一概念可能不会取
得预期的成功。

创业是一个不断学习的过程

在创业的征途中，马斯克也遭遇了各种挑战，包
括管理上的疏忽、预测上的偏差以及业务上的失误。然
而，这些失误并不足以抹杀马斯克的成就，毕竟企业家
的成长往往伴随着错误与挑战。

彼得·蒂尔提倡不必等到完成大学学业才开始创
业。在他看来，大学教育并不是提供创业所需知识和技
能的唯一渠道。这些知识和技能可以通过多种途径获
得，例如社会化学习，通过与行业佼佼者的交流和切

磋，也能学到宝贵的经验，从而提升自己。

在创业过程中，资源的获取至关重要。像彼得·蒂尔这样的成功企业家愿意为那些有技术追求和业务设想的创业者提供资源，这种资源的传承给新一代创业者带去了不可估量的影响。同时，管理经验和经营能力也是成功的关键因素，一个杰出的CEO必须知道如何领导团队，如何处理利益冲突，以确保团队的稳定运作。这要求创业者不仅要有技术专长和洞察力，还要具备领导力和协调能力。

未来的创业者应该拥有更多学习如何经营企业的途径。关键在于有像马斯克这样经验丰富的企业家教大家如何创业。他们的亲身经历和心得对于准备创业的人大有裨益。当然，除了前辈的指导，创业者之间也需要团结协作，相互交流经验，共同前进。

创业本质上是一个不断学习、适应变化并逐渐成熟的过程。因此，创业者的学习能力和效率的高低是决定创业成功与否的关键。创业者必须不断学习、无惧挑战，努力摆脱困境，并从中吸取经验教训。

第三部分

科技创新的实践

——马斯克的商业布局

08

OpenAI 与 xAI:
马斯克的 AI 布局

OpenAI 的起源：对 AI 毁灭人类的担心与有效加速主义

上文详细介绍了马斯克的创业经历，接下来将深入分析他未来的商业蓝图。马斯克的前瞻性战略规划精准地涵盖了多个关键领域，我坚信他未来再次取得巨大成功的概率非常大。他的战略构想可以概括为三个核心部分，即他所布局的三大板块。

首先，马斯克收购推特并将其域名更改为X.com，这一举措不仅标志着X.com成为新的品牌象征，而且它承载了马斯克过往的理想与雄心。马斯克收购推特的动机远不止表面上的净化网络环境和减少虚假信息那么简单。

在收购初期，马斯克并未公开其战略意图。这与他一贯的"先简化再优化"的管理理念相吻合。

马斯克认为，简化是优化的基础。他主张在删除不必要的部分和流程之后，再进行简化和优化，以避免对原本不应存在的部分进行无谓的优化。这种做法不仅提高了工作效率，还减少了出错的可能性。例如，在特斯拉工厂，马斯克曾错误地将大量精力投到加快生产流程上，但后来他意识到有些流程本应被移除。

对推特的收购只是他战略布局的起点，真正的机遇在于它与xAI的结合。ai这一域名尽管最初只是代表某个国家的缩写，但现在已被普遍用作代表人工智能领域的域名。这一域名的价值也因人工智能领域的热度而攀升。

马斯克创立的新公司xAI，专注于生成式人工智能，也就是目前广为人知的大模型技术。这一点不难理解，在大模型很火的当下，马斯克自然不会置身事外。实际上，他早已涉足这一领域，其切入点正是OpenAI。作为OpenAI的联合创始人之一，马斯克甚至比现任CEO萨姆·奥尔特曼更早加入。萨姆·奥尔特曼是在后来才被邀请担任CEO的，因此他的地位相对不那么稳固，这也导致了后来内部人员对他的排斥。

实际上，马斯克早期也遭遇了团队内部的排斥。这主要是因为马斯克希望掌控全局，并表达了担任OpenAI CEO的愿望。然而，团队担心他强势的领导风格可能会给公司发展带来不确定性。

OpenAI自成立以来就伴随着矛盾。尽管OpenAI致力于人工智能领域的发展，但内部在技术方向上存在显著分歧。这种分歧主要源于有效加速主义和超级对齐两股思潮之间的较量。

有效加速主义倡导通过推进技术的快速发展来应对潜在的人工智能风险。有效加速主义的追随者认为，尽管人工智能可能带来威胁，但只要技术进步的速度超过这些潜在风险，就能确保人类的主导地位。

这种做法有着悠久的传统。以美国的登月计划为例，时任总统肯尼迪曾发表著名演讲，解释为什么要登月。当时人们看不到明确的前景，肯尼迪表示："尽管我们不知道未来太空是乐园还是战场，但我们要把决定权掌握在自己手中。"这显示了美国在太空领域有极大的野心。

因此，有效加速主义的追随者认为，尽管技术可能被滥用，但只要使用者是好人，就应该发展更先进的技术，超越那些可能用技术作恶的人，以此来保证世界和平。然而，许多人认为这种想法过于理想化。我们都知道勇者斗恶龙的故事，有多少人一开始是善良的，最终却变坏了，尤其是当他们拥有能够超越所有人类的力量时，谁能保证他们始终纯洁善良呢？

在这种情况下，出现了另一派别——超级对齐派。与有效加速主义不同，超级对齐派更注重人工智能的伦理和道德，主张在人工智能系统中植入不伤害人类的原则。这一理念在阿西莫夫的科幻小说中关于机器人的"三原则"中有所体现。然而，如何将道德原则转化为可编程的人工智能代码，是超级对齐派所面临的重大挑战。

关键问题在于这两者之间存在冲突。你无法既要求马儿跑，又不让它吃草。追求快速发展可能伴随着风险，而坚持超级对齐原则尽管更为安全，却可能导致发展速度放缓。

马斯克在某种程度上更倾向于有效加速主义。鉴于他拥有强大的现实扭曲力场，为了减少干扰，OpenAI团队就只能先让马斯克出局。

但最近，OpenAI连续有人才流失，而离职者大多是超级对齐派的支持者。这意味着有效加速主义在OpenAI内部已经占据主导地位。这一变化预示着未来人工智能的发展和商业化将会加速，因为之前超级对齐派对商业化的顾虑已被削弱。

而马斯克则自己创办了xAI，以践行有效加速主义。

xAI之所以能与OpenAI竞争，是因为当前大模型的数据和模型部分已趋向同质化。特别是闭源模型的出现与开源模型的迅速跟进，使得模型间的性能差距逐渐缩小。因此，xAI在模型层面与OpenAI的差距并不显著，加之其开源特性，使得xAI能够被广泛应用。

xAI与OpenAI的真正差异在于数据。OpenAI利用全网数据进行训练，从而在数据上占据绝对优势。如果xAI在模型上与OpenAI差别不大，同样采用全网数据做训练，不仅成本高昂，而且难以超越OpenAI，尤其是在xAI出现较晚的情况下，基本上缺乏竞争力。因此，xAI必须在数据获取上寻找新的途径。例如，当前备受关注的领域是对健康数据的利用，如果xAI能够获取到其他机构难以获得的健康数据，那么它在数据上将具有明显优势。

我对中国人工智能应用持乐观态度，主要基于两个因素。首先是数据资源，尤其是那些难以获取的行业数据和专有数据。其次是数据与业务的整合，这需要通过构建人工智能体（AI Agent）来实现。人工智能体能够模拟人类行为，与人类甚至其他智能体进行互动，从而推动业务发展。

展望未来，人工智能体的发展速度将越来越快，许多任务都将由它们来完成。随着人工智能体能够承担越来越多的任务，电商直播可能会受到重大冲击。目前，人们观看电商直播的主要目的是挑选和购买商品。但随着人工智能体的普及，未来这一过程可能不再需要人类参与，人工智能体将根据商品的质量、价格等因素自动下单。到那时，直播的主体可能都是人工智能体，而这个过程将演变为智能体之间的交互。

这只是众多变化中的一个例子。简单来说，未来人工智能体的重心将不再仅限于构建模型，至少一半的重心将转移到数据获取以及业务的整合上。

为什么离开 OpenAI 的马斯克能自己做 AI：特斯拉与 X 的数据优势

尽管xAI是在OpenAI成立多年后才成立的，但它依然具有明显的优势，特别是在自动驾驶技术和社交媒体数据处理方面。

首先，特斯拉的自动驾驶技术通过视觉摄像头积累了大量数据。虽然这些数据属于特斯拉而非马斯克个人，且其使用受到董事会的严格监管，但特斯拉的超算中心"道场"（Dojo）和大模型Grok使得这些数据得到了深入挖掘和应用，这些数据构成了xAI的核心竞争力。

其次，马斯克通过全资收购推特，获得了对推特数据的完全控制权，这成为他的一大独特优势。推特上的数据是人们实时生活的反映，具有极高的价值，不仅能够帮助我们全面理解社会，还能预测经济趋势。

美国有一个产业叫公共关系（Public Relations）产业，主要帮助客户协调与社会、公众和企业之间的关系。公共关系理论的奠基人是爱德华·伯尼斯。伯尼斯的母亲是心理学大师弗洛伊德的妹妹，而他的父亲则是弗洛伊德妻子的兄弟。得益于这种家族关系，他对精神分析和心理学有着深刻的理解。伯尼斯开创了公共关系这一学科，成为首位将心理学原理应用于社会领域的学者。公共关系的核心在于用行为影响公众。在伯尼斯的职业生涯中，他为美国政府提供了多年的公共关系专业服务，并因此在美国社会享有极高的声望。在他退休后，每年都有政要聚集为他庆祝生日。然而，到了他100岁以后，由于外界误传他已去世，便不再有人为他庆生。

众所周知，美国历史上经历了两次重大的经济危机，分别是1929年爆发的经济大萧条和20世纪80年代初的经济危机。值得注意的是，在这两次危机爆发前的一周，伯尼斯都成功地退出了市场。

许多人误以为经济危机是资本主义制度的衰败象征，实际上，经济危机通常是经济繁荣时期泡沫过度膨胀最终破裂导致的。在危机爆发之前，经济往往呈现出强劲的增长势头。以1929年爆发的美国大萧条为例，1928年美国股市的利率已达到5%，与当今美国的利率水平相当。然而，当时即便利率高达5%甚至更高，人们仍然愿意从银行贷款投资股市，因为他们相信股市会继续上扬。正是这种过度的乐观预期导致了泡沫的形成，最终引发了崩盘。

在这种情况下，过早退出市场可能会错失最后的利润，而过晚退出则可能导致重大损失。爱德华·伯尼斯之所以能在危机爆发前一周成功离场，收割所有利益并避免了后续的危机，关键在于他养成了每天阅读报纸的习惯。通过报纸，他能够洞察公众情绪，并据此准确判断市场动向，从而果断做出离场的决策。

通过跟踪和分析舆论，我们可以对公众情绪进行判断。推特数据是实现这一目标的理想选择。实际上，这一领域已有研究者在探索，例如美国教授大卫·伊格曼，他的研究方向是知觉增强（Sensory Augmentation）。

知觉增强是指利用外部技术手段来提升个体的感官能力。例如，视力不佳的人可以通过佩戴眼镜来增强视觉，而视力正常的人使用望远镜也能实现视觉的增强。然而，伊格曼教授所探索的知觉增强，是让那些原本不存在的知觉成为可能。

在实践中，伊格曼教授将推特数据转化为数字编码，并将这些编码转换为电刺激信号，通过额带上的电刺激点位传递给个体。经过一段时间的训练，个体能够理解这些推特数据所表达的情绪信息，从而感知推特上公众情绪的波动。

针对社交网络上大众情绪的波动与股市表现之间的联系，理查德·彼得森曾经做过一项研究。他的研究表明，当社交网络上的氛围平和时，股市往往呈现上升趋势；而当网络上出现喧嚣和混乱时，股市则倾向于下跌。综合考虑这两者的关系，投资者或许能够通过分析推特等社交平台上的数据来预测股市动向，从而实现盈利。

当下，很多美国基金公司已经开始大规模、系统性地收集这类公众舆论数据，以辅助制定其股票交易策略。然而，这种策略主要适用于短线交易。这就意味着，在短线操作上，人类想要击败人工智能，几乎是不可能的。对于投资者而言，最佳策略应该是采取长线投资。也就是说，如果我们发现了一家像特斯拉这样优秀的企业，最好的投资方式是买入股票后长期持有。5年后再查看，可能会有意想不到的收益。但如果频繁地查看，可能会因为市场波动而无意中将其卖出。

更为重要的是，人工智能将持续进步，其对社会的理解将日益深刻。人工智能的一个显著特点是快速进化，这是无法阻挡的趋势。一旦实现快速进化，即便目前它与我们对社会的理解相当，未来它也将遥遥领先。

AI 未来的机会：人机结合的异构计算

提到当年的围棋人机大战，想必大家记忆犹新。在与最初版本的"阿尔法狗"（AlphaGo）对弈时，人类尚能勉强一战。例如李世石在五局较量中就曾赢下一局。然而，随着AlphaGo Zero及后续产品的问世，人类在与之对弈时已全无胜算。这凸显了人工智能的另一个显著特点——其进化速度非常快。

面对如此迅猛的发展，我们不应将人工智能视为竞争对手，而应寻求与之合作。很多人担忧人工智能会取代人类，事实上，人机协作的模式将逐渐成为常态。

在传统的计算机架构中，通常包含两种芯片：中央处理器（CPU）和图形处理器（GPU）。CPU擅长执行复杂的任务（即同时处理多种通用任务），但它并不擅长持续的高强度工作。相对地，GPU虽然功能较为单一，却能承受繁重的工作负载，表现出极强的耐力。

在现实世界中，任务通常可以分为繁重但不复杂，以及复杂但不繁重两类。这种任务分配类似于工程项目中的人力资源分配，项目经理会根据任务的复杂度和工作量来合理分配工作。通过有效的任务分配和协调，整个项目得以顺利完成。

目前，人工智能芯片普遍采用系统级芯片（SoC）设计，芯片内部功能已经进一步细分。与传统的芯片不同，系统级芯片并非单一功能的集成电路，而是在一个芯片上集成了完整的系统功能。传统的芯片通常只包含处理器、存储器等单一或少数几个核心部件，而SoC则将CPU、GPU、内存控制器、通信接口、图像信号处理器（ISP）、人工智能加速器等多个不同的功能模块集成在一个芯片上，相当于一个微型化的完整系统。这种高度集成的设计，使得SoC芯片在性能、功耗和体积上都具有优势，特别是在移动设备和嵌入式系统中应用广泛。现代芯片技术更多地依赖于多芯片的综合处理能力，而非单个芯片。这种趋势也意味着，摩尔定律——这一曾经适用于单芯片性能评估的指标，在评估现代芯片技术时已不再适用。

人类社会的发展也需要借鉴这一理念。未来的成功者将具备所谓的"机器智商"，即善于利用机器来完成各种任务。人类应专注于那些复杂但不繁重的工作，同时明确界定那些繁重但不复杂的工作，并将其委托给机器处理。当机器完成它们的任务后，与人类的工作成果相结合，便形成了人机结合的异构计算[1]模式。这种人机协同的异构计算模式将极大地提升工作效率和创新能力。例如，自动驾驶汽车承担了复杂且重复的驾驶工作，而人类则可以专注于完成更复杂但不那么繁重的任务。当人们能够有效管理机器时，未来将变得更加

---

1 异构计算是一种特殊形式的并行和分布式计算，它或是用能同时支持 simd 方式和 mimd 方式的单个独立计算机，或是用由高速网络互联的一组独立计算机来完成计算任务。它能协调地使用性能、结构各异的机器以满足不同的计算需求。

光明。

乔布斯、比尔·盖茨和马斯克的共同特质之一是善于运用技术和机器来执行任务，而不是事事都亲力亲为。

马斯克致力于通过机器和大数据分析深入理解社会，届时，我们面对的将不仅仅是简单的股市投资问题，还将能借助这些工具洞悉各种社会现象，从而实现更多可能性。

例如，在美国总统大选中，准确监测社会舆情变得尤为重要。然而，当前的抽样调查方法并不能提供足够的准确性。在未来，马斯克的xAI系统可能会成为最准确的预测工具。该系统通过持续监测推特等社交媒体的数据，能够全面反映公众意见和情绪，其准确性可能远超现有的预测方法。

此外，马斯克的另一个重要项目是"神经链路"（Neuralink）。该项目表面上看仅为残疾人提供活动能力，实际上它蕴含了马斯克更宏伟的愿景——通过人工智能与人脑的对接，以及人工智能与机器的结合，使机器的智能超越人类，从而推动人工智能的深度应用。

这是马斯克布局的第一步：他收购推特的真正目的并非推特本身，而是为了xAI系统的发展。在这个过程中，他利用推特的资源为xAI系统提供数据支持。这一战略布局展现了马斯克在科技领域的远见卓识和系统性思维，值得创业者学习和借鉴。

创业者需要具备丰富的想象力。我在这里提出几个问题：你是否真正理解了知觉增强的含义？你认为我们的知觉是否可以被替代？如果有机会被替代或创造新的知觉，你希望拥有什么样的知觉？不要认为这是科幻，未来这可能成为一个了不起的创业项目。

09

Neuralink:
脑机接口将会如何改变世界

理解脑机接口：人类真正的瓶颈在输入输出

脑机接口技术（Brain-Computer Interface，BCI）也是马斯克商业版图中重要的一部分。

脑机接口技术旨在建立大脑与外部设备之间的直接连接，实现信息和指令的双向传输。这项技术的核心意义在于，它为人类与机器之间的无缝互动开辟了新的道路。这项技术可以进一步分为两个相关的概念：知觉增强和知觉替代（Sensory Substitution）。知觉增强，顾名思义，是指通过脑机接口技术，增强人类现有的感官能力。例如，通过在视觉皮层植入电极，让盲人能够获得更清晰的视觉感知，或者通过增强听觉信号的处理，提升听力障碍人士的听觉能力。知觉增强的目的是在原有感知的基础上进行优化和提升。

与知觉增强不同，知觉替代是指在感官功能缺失或受损的情况下，通过脑机接口技术，将一种感官信息转化为另一种感官信息，从而实现信息传递。也就是说，当一种感官无法正常工作时，利用另一种感官来替代其功能。

Neuralink正在研发的脑机接口技术，就属于知觉替代的范畴。它旨在替代那些受损的神经通路，特别是那些无法向人体输入信息或控制身体的神经。很多瘫痪病人，往往是由于大脑周围的神经受损，导致肢体无法自主活动。虽然大脑仍然活跃，但身体无法接收大脑的指令。在这种情况下，运用脑机接口技术，可以绕过受损的神经通路，直接连接大脑和外部设备，从而实现对假肢或外部设备的控制，达到恢复行动能力的目的。

许多瘫痪的病人之所以无法控制自己的肢体，是因为他们大脑周围的神经受损，无法传递信息。脑机接口技术为这些患者带来了希望。目前已有两个成功的案例：通过手术将一个硬币大小的设备植入患者大脑，利用探针解读大脑信息，进而控制行动。尽管患者无法直接控制自己的肢体，但通过机器人的辅助，他们至少能够再次行动。尽管这项技术已受到广泛关注，但其实施难度仍然远超公众想象。

首先，大脑神经结构的复杂性使得理解容易出现偏差。例如，未来学家雷·库兹韦尔曾提出使用纳米机器人修复神经的设想。如果将大脑神经比作电话交换机的线路，用一个纳米机器人沿着特定线路进行修复，听起来似乎可行。但人类大脑远比电话交换机的线路复杂，灰质和白质紧密相连，神经网络并非独立的线路，纳米机器人无法在其中穿行。因此，利用纳米机器人修复大脑神经目前是不可能的。

其次，大脑的防御机制，即血脑屏障，非常脆弱。颅骨后方的硬膜缺乏免疫机制，任何细菌的入侵都可能导致严重后果。因此，这项技术的危险性极高。迄今为止，脑机接口技术仅适用于长期完全瘫痪且愿意承担生命风险的患者，并且需要医院伦理委员会的审批。只有满足这两个条件，患者才能接受这种手术。

尽管这项技术应用范围并不广泛，但前景广阔。前文提到，DARPA曾敏锐地预见到自动驾驶技术的潜力，并在接下来的10年内见证了这一技术的突破。目前，DARPA认为脑机接口领域即将迎来重大进展，并已举办相关比赛，尽管结果尚未揭晓。这一动向同样加深了马斯克对脑机接口的巨大潜力的认识。

脑机接口之所以至关重要，是因为它有望解决人类大脑数据输入输出效率低下的问题。例如，AlphaGo战胜李世石，并非因为AlphaGo本身比李世石更强大，而是因为AlphaGo的输入输出系统远超李世石的大脑输入输出系统。人脑和计算机在结构上相似，都包含计算单元和输入输出单元。人的计算单元是大脑，而计算机的计算单元是CPU、GPU和系统芯片。人的输入依赖于眼睛和耳朵，输出则依赖于嘴巴和手，这些都是模拟式（Analog）、单线程的，因此每次处理的数据量有限。所谓模拟式，是和数字电路靠0和1记录信号做区别，模拟式用连续变化的物理量来表示信息，例如声音的振幅、光线的强度等。人的感官接收到的信息，例如眼睛看到的光线、耳朵听到的声音，都是以这种连续变化的模拟信号形式存在的。相比之下，机器可以同时处理多个输入输出任务，效率极高。

设想一种技术，它能够实现机器与大脑的直接连接，从而读取大脑数据。进一步设想，如果这种数据能够与另一个大脑直接连接，那么这两种连接方式将无须依赖传统的传感器，也不再需要眼睛和耳朵作为媒介，而是实现了一种类似心灵感应的直接交流。通过电线实现的心灵感应，将极大地提高输入输出的效率，从而释放大脑的巨大潜能。

这个设想听起来非常吸引人，但要实现它，必须满足一定的条件。目前，DARPA已经提出了明确的指标。我们相信，在未来几年内，对大脑神经元的监测技术有望达到百万级别的监测能力，即能够监测超过百万个神经元的输出。人类大脑中神经元的数量高达数十亿个，百万个神经元的监测仍然只是冰山一角。尽管如此，通过重点部位的监控和人工智能的模拟分析，我们已经能够理解人类的许多意图。

例如，目前已有研究显示，通过读取某人的神经活动，我们可以得知他正在想象的画面，包括画面上的场景。这表明我们对大脑的读取能力已经相当强大。然而，这仅仅是开始，目前的读取能力大约在万级，而未来的目标是达到百万级。

另一个挑战是输出能力，即在读取大脑数据后，如何反过来刺激大脑。要实现对大脑的万级刺激能力，意味着需要能够刺激一万个神经元，并确保大脑能够理解这些刺激。目前，我们只能实现对几十到几百个神经元的刺激，要达到万级刺激是一个巨大的挑战。因此，我们还有很长的路要走。

技术路线之争：植入式脑机接口和非植入式脑机接口

目前，脑机接口技术有两大发展方向——植入式与非植入式，我们无法断言马斯克所选择的路径是否正确。

首先，植入式脑机接口感染的风险相对较高。一旦患者大脑受到感染，很可能危及生命。其次，尽管大脑本身不具备免疫系统，但它能够形成瘢痕组织。即便使用极细的微针与神经元接触，时间一久，这些微针也可能被神经组织包裹，导致接口失效。因此，植入式脑机接口的长期有效性尚未得到充分验证。目前接受植入的患者仍在观察期，未来几年的状态难以预测。如果数年后微针被瘢痕组织包裹，导致神经系统信号输出失败，就表明植入式脑机接口已经失效。

在这种背景下，研究非植入式脑机接口技术显得尤为必要。非植入式脑机接口无须植入大脑，自然避免了感染风险。

人类的神经系统由中枢神经系统和周围神经系统组成。周围神经系统是与中枢神经系统直接相连的。因此，非植入式脑机接口可以连接到周围神经系统，再由周围神经系统将信号传递至中枢神经系统。这就像让两台计算机交换信息，不必芯片对芯片，而是通过总线连接。这种方法效率虽然较低，但具有更高的安全性。

同时，非植入式脑机接口不与大脑直接接触，这意味着我们需要从颅骨外部监测到微弱的脑电信号，并由此了解神经系统的状态。这是一项极具挑战性的任务。不过，目前市场上已经出现了能够测量专注力的头戴式设备，并且在教育领域得到了实际应用。在课堂上，老师可以利用这些设备来监测学生的注意力集中情况，一旦学生开始分心，老师便能立即得到通知，这样老师就能及时提醒学生或帮助他们重新集中注意力。但总体而言，非植入式脑机接口在精细度上仍无法与植入式脑机接口相提并论。

当然，除了输出系统，非植入式的输入系统也很关键。我们的大脑有巨大的潜力，如果能用更好的数据去训练它，就很有可能把它的潜力激发出来。

在投资科技企业时，我们不仅需关注企业及其创始人，还要深入探究其技术的起源与传承。这些因素对于企业的成功至关重要。

　　我在美国从事硬科技投资已有十余载。我的第一个投资项目是美国威斯康星大学麦迪逊分校的保罗·巴赫–利塔教授的项目。巴赫–利塔教授在神经科学领域的一项重大发现——大脑可塑性，被认为是20世纪美国神经科学界最伟大的成就之一。其核心理念是"神经可替代"，即尽管神经系统被破坏，也能用其他神经系统来替代。这一理念与后来大卫·伊格曼提出的"知觉扩张"有相似之处。

　　具体来说，巴赫–里塔教授开发了一种名为"舌片"的设备。这个设备是一个微小的金属片，上面分布了20 × 20的400个点阵，每个点都是一个电极。用户将金属片置于舌上，电极随即刺激舌头。这些刺激源自设备前端的摄像头，它能持续捕捉外部光线，并实时将其分解为20 × 20的400个小方格。这些小方格通过光强度的变化转换为电强度，进而刺激舌头。这一过程实际上是利用舌头这一非侵入性的输入系统，将外界信息传递给大脑。所谓非侵入性，指的是这种信息传递方式不需要通过手术或其他侵入性手段进入人体内部。相较于直

接在大脑中植入电极或其他电子设备的方式，这种方法
更加安全，也更易被大众接受。它利用人体自身的感官
将外部信息转换成大脑可以理解的信号，就像我们平时
通过眼睛接收视觉信息、通过耳朵接收听觉信息一样。
具体到这一技术，就是通过特殊的装置，将原本的视觉
或听觉信息转换成微小的电脉冲，这些电脉冲作用于舌
头上的神经末梢，从而让大脑"感知"到这些信息。这
种方法不仅保留了信息的完整性，还为用户提供了感知
世界的新途径。

大脑本身无法直接感知外部光线，它依赖眼睛捕捉
光线。视觉神经将光线转化为电信号，刺激大脑，从而
构建外部世界的虚拟图像。盲人由于缺乏来自眼睛的视
觉信息输入，所以他们无法形成对外界的认知。

然而，"舌片"可以帮助他们重建对世界的认知。
它将摄像头作为眼睛，将外部光线刺激转换为电刺激。
由于盲人的视觉神经受损或无法正常工作，无法有效传
递信号，科学家们就把设备与舌头连接起来，将刺激传
递至大脑。选择舌头作为载体的原因在于其良好的导电

性和高密度的神经分布，这确保了电信号能精确地传递
到舌头上的不同位置，从而模拟出视觉刺激的效果。

当这些刺激传至大脑时，奇迹便发生了。尽管盲
人从未接收过视觉刺激，但他们的大脑能够将这些刺激
识别为视觉信号，并将其传递至大脑的视觉区域进行处
理，从而构建对外部世界的认知。

这一产品已获得美国食品药品监督管理局（Food
and Drug Administration，FDA）的认证，并在中国获批
上市。上市后，相关技术人员进行了多次演示，中央电
视台也对此进行了多次报道。其中一项演示是在一个房
间内设置障碍物，全盲人士不用借助触摸或导盲杖就能
够轻松绕过障碍物。这一演示的成功证明了知觉替代技
术的有效性。

知觉替代技术目前主要应用于视觉领域，但大卫·伊
格曼提出了知觉扩张的概念。他设想，如果输入的信息
不是视觉信息，而是其他类型的信息，我们是否能让肉
眼"看到"其他事物，并让大脑接收这些非视觉信息。

以蝙蝠为例，它们能在空中自由飞行，是因为它

们能发出超声波并能利用回波来判断前方是否有障碍物。如果将回波信息输入人脑，即使人类从未感知过回波，全盲人士是否也能通过这些非视觉信息感知周围环境呢？

这一想法并非空穴来风。由于盲人的视觉缺失，他们的其他感官往往更为敏锐。一些盲人能够通过声音回波来判断周围是否有障碍物。具体来说，当声音从远处向墙壁发出时，回波听起来会比较浑厚；而当靠近墙壁时，声音回波会变得更加尖锐。通过这一特性，他们能够辨别前方是否有障碍物。有的盲人甚至能够依靠这种方法骑车上路，避免撞到人或障碍物。这表明将声音作为非视觉性输入是具有实际可行性的。

科学家们目前正致力于将这一实践进行系统化提炼，希望能够实现知觉的扩展，并将输入方式从单一的视觉拓展至更多非视觉领域，包括雷达波、红外感应，甚至社交媒体数据等。这将有助于进一步拓宽大脑处理信息的范围。

大卫·伊格曼正在进行一项研究：将股市信息完全

数据化，并通过"舌片"刺激用户接收这些信息，让用户的潜意识感知到某只股票的强劲走势。但这项研究结果目前尚不明确，未来是否能取得突破性进展仍是一个未知数。

这些实践和设想听起来或许有些异想天开，但从科学原理上讲，它们存在可行性。我们大脑的数据处理能力远超我们的想象。如果能够改进输入和输出的方式，那么未来人类的能力将更加强大。

探索科技的能力边界

人类的大脑是一个特别好的模式识别[1]装置。而模式识别能力往往是在无须刻意学习的情况下自然习得的。这种被动学习意味着在吸收知识时无须刻意集中注

1　模式识别是通过计算机使用数学技术方法来研究模式的自动处理和判读，将环境与客体统称为"模式"。它以图像处理与计算机视觉、语音语言信息处理、脑网络组、类脑智能等为主要研究方向，研究人类模式识别的机理以及有效的计算方法。

意力。目前已经有很多实验验证了这一点，这里不再赘述。

一旦我们做到无须专注就能吸收知识，便能有效解决学习效率差异的问题。传统观念常常会把学习不佳归咎于不勤奋，但若未来仅需佩戴特定装置便能迅速掌握知识，勤奋学习的重要性可能会受到质疑。许多人可能会感到震惊，甚至认为这种技术违背了道德原则，对那些勤奋学习的人不公平。然而，如果我的孩子能够在每晚的睡眠中学习新技能，我肯定会鼓励他尝试。我不认为这会带来道德负担，因为这将使他在未来世界中拥有更好的生存能力。

同样地，汽车问世时，即便是跑得再快的人也无法与之匹敌，但汽车并未因此被禁止制造。科技的存在本质上是为了增强人类的能力，无论是过去的增强方式，还是现在的知觉替代技术，都应被视为科技进步的必然趋势。

知觉替代的概念被提出后，一些人担心未来人类是否会变得非人——这是超级对齐派所关注的问题。而那些希望人类变得更强的人，则持有有效加速主义的观点，马斯克便是这一理念的代表人物。

即便未来不可预测，我们也不应放弃探索各种可能性。科技进步的本质在于探索人类能力的边界，挖掘技术的潜力。同时，我们也在探索在科技辅助下人类能力的极限，以重新定义人类能力的边界。

与马斯克一样，我投资相关项目，也是为了在脑机接口领域取得突破，打破大脑数据输入输出的限制。如果能在这方面取得进展，未来我们的大脑可能不再落后。当大脑不再受限时，AlphaGo可能会输给李世石。假设李世石能在3秒内分析一个棋局，他就能学会所有的棋谱，从而有可能反败为胜。

此事并非毫无根据，国际象棋大师苏珊·波尔加便是例证。她下棋的最大特点在于能够迅速做出回应，几乎无须深思熟虑。对手刚落一子，她便能立即跟上。核磁共振成像研究揭示了苏珊·波尔加大脑中反应迅速的并非逻辑推理区域，而是面部识别区域。我们每个人的大脑中都有一个庞大的面部识别区域，能够辨识数百万张面孔。即便我们记不住这数百万人的名字，却能记住他们的面孔。只要见过面，我们就能在面部识别区域中留下印象，存储多达100万张人脸的信息。

然而，苏珊·波尔加无法像大多数人那样记住众多面孔，因为她将大部分面部识别区域用于记忆棋谱。因此，她记忆棋谱的方式与普通人记住人脸相似，在需要时能够迅速做出反应。这进一步证明了我们的大脑是一个高效的模式识别装置。当以足够快的速度输入量化数据时，大脑能够迅速生成相应的模式。从这个意义上讲，人类的大脑实际上是一个比当前最先进的人工智能更强大的模式识别系统，它更为节能、高效。

审视人工智能的发展历程，我们可以清晰地看到，人工智能的进步与人类智能的发展是相互促进的。每当人类智能实现重大突破，它往往能显著推动人工智能向前迈进；相应地，人工智能的进展也能够反哺人类智能的提升。在过去的数十年中，人工智能的迅猛发展深化了我们对人类智能的理解。展望未来10年或20年，我们有充分的理由相信，人类的进一步发展将促使人工智能实现质的飞跃。为了实现这一目标，我们必须从一系列实验和研究着手。

我自己正致力于这样的事业。我和团队希望通过研发实现舌片装置的技术突破，使其不再依赖摄像头即可工作。这样，舌片不仅能传输视觉数据，还能与电脑连接，成为一种多功能输入设备，能够输入各种类型的数据和波形。通过在电脑中编码，让舌片装置刺激大脑，从而可以进行各种实验。

进一步来说，视觉数据处理相对简单，因为视觉数据的编码规则已为我们所知。通过摄像头捕捉外部世界后，信号被分解为 20×20 的400个单元格，每个单元格的光强度和电强度相对应，形成一个400点阵的黑白图像。尽管当前的400点阵分辨率较低，但未来可能会提升至4万点阵，甚至可能从黑白图像转变为彩色图像，从而真正地恢复人类的视觉功能。

然而，我们必须承认，尽管视觉信息的编码方式已知，但味觉、嗅觉和听觉信息的编码方式仍然未知。以听觉为例，我们之所以能区分噪声和非噪声，是因为耳蜗内的绒毛颤动幅度不同。如果一个人的神经系统出现问题，即便他能听到声音，也无法区分噪声和非噪声，导致他听到的全是噪声，无法识别语言。

但是，如果我们能够进行各种尝试，准确地处理这些感官信息，这将极大地推动科技的进步。以当前的技术为例，我们已经能够通过舌头感知环境中的光。未来，我们有望利用舌头为味觉障碍者提供味觉刺激，甚至为听觉障碍者提供声音刺激。

如果这些技术能够实现，不仅表明我们已经掌握了感官信息的编码方式，而且能够处理和建模这些数据，形成外部感知，还意味着我们已经能够对这些数据进行预处理。学会数据预处理[1]将是近期人工智能领域的一个重要突破。

在早期，我们对人工智能的理解相对浅显，认为只需将数据输入大型模型即可获得结果。然而后来，我

1　数据预处理（data preprocessing）是数据分析过程中至关重要的步骤之一。它涉及对原始数据进行清洗、筛选和转换，以确保数据的质量、一致性和适用性。

们意识到事情并非如此简单，数据的预处理过程至关重要。大型模型的发展关键在于掌握如何将数据预处理成"令牌"（token），这些token可以是文字、语音或图片。但是，当面对视频数据时，由于其复杂性和实时变化的特性，仅仅转化为token已不足以应对，因此引入了一种新的预处理方法——"补丁"（patch）。这种方法能更有效地帮助我们理解和预处理视频数据。

这里逐个解释一下token和patch到底是什么。

token是指AI眼中组成句子的一个个词语或更小的单元，比如"我""喜欢""苹果"。这些都是一个个的token。AI并不是直接理解文字，它理解的是这些token背后的数字代码。就像我们把字母变成二进制代码让计算机理解一样，AI也要把文字变成自己能理解的数字，才能处理和学习。同样的道理，对于语音来说，token可能是代表不同音节或音素的片段；而对于图片来说，token则可能是代表图像中小区域的像素集合。总之，token就是把原始数据（文字、语音、图片）拆解成一个个小的、AI可以处理的单元。

当我们需要处理视频这种更复杂的数据时，token
有时候就显得不够用了。视频不仅仅是静态的图像集
合，它还包含了时间和动态的信息，比如人物的动作、
场景的变化等。如果我们把视频的每一帧都当成一张独
立的图片，然后用token处理，会丢失很多重要的动态
信息。这时候，就需要引入patch这种预处理方式。

至于patch，你可以把它想象成一块块"拼图"，
它把视频的每一帧都分割成很多小的、方形的图像块。
每个patch都包含了视频画面的一部分信息。这样，AI
就可以同时处理多个patch，从而更有效地理解视频的
内容和变化。比如，一个patch可能包含人物的头部，
另一个patch可能包含背景的一部分，通过同时处理这
些patch，AI就能够更好地理解人物在做什么，以及周
围环境是什么样子的。

patch的优势在于，它能够保留视频中的空间信息
和动态信息，使得AI能够更有效地学习和处理视频数
据。这就好比我们在看一幅画时，会先看到画的整体构
图，然后再关注其中的细节。patch也是让AI这样一步

步理解视频的。

由此可见，无论是对人类的知觉系统还是对人工智能的理解，都遵循一个三步流程：数据收集、预处理、大型模型处理，这样才能得出正确、合理的结论。

我认为，科技企业最吸引人的地方在于，上述前沿技术的快速发展，甚至在许多学术领域都超越了顶尖高校，形成了技术领先的正向循环。这一趋势的一个显著标志是，许多最前沿的人工智能学者不再仅限于高校，而是在公司工作，这进一步证明了科技企业在技术创新方面的领先地位。

马斯克在这方面展现了雄心壮志，他致力于推动科技发展。我和团队同样希望推动科技进步，并愿意将最新的万能输入技术提供给高校和研究机构进行试验。通过这种合作方式，我和团队可以进一步研究人类大脑，利用对大脑的理解来提升人类智能。

我不介意我的孩子尝试最尖端的科技，因为人类进步的一个重要标志就是后代能够超越前辈。因此，我的理想非常朴实，我希望我的后代能够超越我，我希望他们看我时，觉得我像个"傻瓜"，因为那意味着他们足够优秀。

因此，希望并支持后代超越前辈，这不仅是马斯克的愿景，也应该是我们每个人的愿景。因为当我们能够有效推动科技进步，让科技造福每个人时，我们每个人的能力都将得到极大的提升，社会也将变得更好。

最后，我想特别强调的是，在创业过程中，容忍相互冲突、相互矛盾的观念的重要性。优秀的创业者能够允许这些矛盾的存在，并能够搁置矛盾继续前进，这是创业者的本质。

人形机器人：
特斯拉的诗与远方

人形机器人是未来的通用解决方案吗

近年来，有关马斯克的新闻频繁见诸报端，其中不乏负面报道，这可能让马斯克本人感到相当委屈。数年前，当Model 3尚未开始量产，特斯拉正处于生死攸关的十字路口时，马斯克与公司签订了一项对赌协议。根据该协议，特斯拉的估值需要在马斯克的领导下增长10倍。面对这一艰巨挑战，马斯克展现出了非凡的自信。而股东们也承诺，如果他能实现这一目标，他将获得特斯拉预估市值1/10的巨额回报。出人意料的是，马斯克实现了这一目标，按照协议条款，他本应获得超过500

亿美元的回报。然而，这一巨额回报却引来了股东的质疑和诉讼，他们认为这样的回报既不公平，也不合理。最终，法院裁定该协议无效，马斯克因此未能获得这笔钱。

对此结果，马斯克感到极度不满。他批评特斯拉的注册地特拉华州的商业环境并不友好，并宣布计划将公司总部迁至商业环境更为友好的得克萨斯州，同时SpaceX的发射场也将搬迁至该州。马斯克强调，社会应当支持企业家，尤其是在他带领特斯拉克服重重困难并获得丰厚利润的背景下，股东们理应兑现他们的承诺。

经过全体股东投票，最终还是决定将马斯克应得的收入支付给他。

但是这件事也让股东们有了顾虑，他们担心马斯克会将特斯拉的项目带到外部。马斯克在做外部项目上拥有丰富的经验——他收购了推特，创立了xAI和Neuralink。因此股东们的担忧情有可原。

前文提到过自动驾驶技术已经成为特斯拉的核心部分，Dojo计算平台和Grok大模型都已经整合进了特斯拉的体系，这些技术都无法转移。然而，有一项技术是可以转移的，那就是机器人技术。

机器人之所以能被马斯克独立出来，主要是因为马斯克对机器人的未来有着清晰的规划。他认为，尽管目前人形机器人备受瞩目，但未来机器人的形态很可能不会以人形为主。

这一观点有充分的依据。首先，人形机器人的市场需求并不广泛。在人形机器人领域表现卓越的波士顿动力公司（Boston Dynamics）明确指出，尽管其人形机器人能够完成跑步、跳跃甚至空翻等复杂动作，但这些机器人实际上更像研究平台，用于技术研究和优化，并不会实现量产。这主要是因为真正需要人形机器人的场合并不多，其更倾向于生产机器狗。

其次，从生物进化和人类需求的角度来看，人形机器人并非最佳选择。目前主流的观点认为，未来将出现一种通用机器人，它能够适应人类的生活环境，并拥有强大的能力，甚至在智能上超越人类，成为无所不在的助手。

人类之所以采取两足行走的方式，并非因为其稳定性更高，而是因为我们的前肢需要解放出来用于投掷石块等，这一切都是为了生存。至于拥有4条腿，虽然理论上能跑得更快，但人类的形态是进化的必然结果。由于人类无法在速度上与狮子、老虎等猛兽匹敌，因此不得不学会长途迁徙。我们的策略不是在短距离内与猎物竞争，而是在耐力上超越它们。

众所周知，马拉松起源于一位雅典战士在完成42.195千米的长跑后因极度疲劳而身亡的故事，这让许多人认为马拉松是对人类极限的挑战。然而，这种观点并不完全准确。从进化的角度来看，人类的远古祖先，特别是那些生活在非洲大陆的祖先，例如马赛马拉人，他们展现出了卓越的跳跃和长跑能力。他们瘦削的体型使他们能够连续奔跑数日，这一能力让他们在生存竞争中获得了优势。

这一现象也说明，当某项能力较弱时，生物会发展出一系列相关能力来补偿，从而确保生存。人类之所以能够延续至今，正是这种进化策略的结果。

然而，与人类不同的是，今天的机器人并非从零开始进化的，且其设计并不局限于两条腿。机器人可以根据任务需求灵活设计成各种形态，例如机器狗Spot，它采用四足设计，比双足更为稳定，能够到达人类所能够到达的任何地方。由于需要四足来保持平衡，它的头部安装了一个可折叠的钳子，能够执行推门、抓取物品等多种动作。钳子上还嵌有摄像头，摄像头能够伸出并转动以查看周围环境，相当于在头上添加了视觉功能。

因此，在人工智能时代，我们有能力重新构建所有生物的形态。这意味着机器人的形态不必局限于人形，可以根据需求设计成任何形态。这也表明，人形机器人是未来发展趋势的说法缺乏充分的证据。

机器人能力训练的两种逻辑

尽管关于人形机器人是未来发展趋势的说法缺乏充分的证据，但很多企业家仍然致力于人形机器人的研究。其背后的逻辑与特斯拉的策略相似，与波士顿动力公司的思路也有共通之处——他们并非旨在销售人形机器人，而是将其视为提升技术能力的平台。

特斯拉已经向我们展示了两种训练技术。

第一是动作复制技术，通过佩戴装有传感器的手套，人类的动作能够被传递至机器手上，从而实现精准的动作复制。这种技术类似于传统的师徒传授，只不过传感器是通过电信号来实现动作的精确复制的。未来，机械手有望掌握如米其林厨师般精湛的技艺，只需让厨师佩戴手套进行训练即可。

第二是端到端的视觉处理技术，这是特斯拉汽车自动驾驶系统的关键部分。这种技术无须人工直接教学，而是让机器人通过观察动作执行后的结果来自主学习。经过长时间的观察和学习，机器人将能够理解如何达到预期效果，这也是完全可行的。

无论采用哪种训练方法，我们都有理由相信，在未来几年内，机器人的手部技能将实现质的提升。特别是当机器人手与人工智能相结合后，它们将能够执行许多复杂的任务，如倒茶、签字等。

因此，我们需要重新评估对机器人的期望。人形机器人的存在并非因为每个人都需要一个助手，而是为了寻找那些可以被机器人取代的岗位。这种现象被称为职业增强和职业替代。如果机器人能够完全取代某个职业，并且该职业需要大量从业者，那么这将为企业带来巨大的利润潜力。

特斯拉自动驾驶模式背后的逻辑是，通过赋予车辆自动驾驶能力，特斯拉能够占据传统司机所占有的市场份额。这也是特斯拉未来被看好的原因。特斯拉只需通过软件升级和技术创新，就能实现盈利增长，而其他企业要与传统司机竞争则相对困难。

人工智能的应用之"道"

在深入理解了上述逻辑之后，我们需重新审视一个关键问题：哪些职业对大量人力有需求。

外卖配送员显然是一个典型的例子。我知道，提及这一点可能会让很多人感到沮丧，尤其是那些从事这一行业的配送员，他们未来可能会面临被行业淘汰的现实。但我们必须正视这一问题：那些今天被行业淘汰的人，他们是否真的愿意长期从事这个职业呢？

外卖配送员这一职业随着年龄的增长，职业前景并没有因为经验丰富而产生附加值。然而，在其他领域，情况就大不相同。比如，一个60岁的律师的价值可能远超一个20岁的律师的价值，但一个60岁的外卖配送员的价值却可能不如20岁的外卖配送员。

汽车驾驶也是同样的道理，无论你的驾驶经验多么丰富，与新手司机相比，你的优势可能并不明显。这类工作，即使积累了很长时间，也不会带来多少价值的增加，因为它们无法积累可转化为更高价值的经验。这样的工作不值得人们长期投入。在这样的情况下，这类工作就应当由机器来替代。

面对这一趋势，我们应该反过来思考问题。如果我们仍在从事这样的工作，就应该尽早考虑转型，而不是等到被机器替代，最终陷入困境。我们应该尽快转向那些随着时间积累会增值的工作。而这样的工作有很多，其中之一就是与机器合作，共同替代那些需要大量人力资源的工作。

当然，也有人可能会担心机器替代会导致许多人失业。然而，历史经验表明，尽管技术进步确实会替代一些工作，但同时也创造了新的就业机会。正如工业革命时期，流水线生产虽然减少了工人的数量，但也催生了大量新的流水线和就业机会。同样地，在人工智能时代，人与人工智能的结合也将创造出更多新的服务需求，从而催生新的就业机会。

在当前社会，那些依赖人类经验的工作应当引入人工智能来完成。这将使得那些因资源或成本限制而无法普及的服务变得触手可及。例如，在健康管理方面，高质量的保健服务往往受限于经济条件和社会地位，导致只有少数人能够享受到。同样，在理财方面，许多高收入人群可以聘请经验丰富的理财师，而普通大众却无法享受相同的服务。

那么，如何实现服务的普惠化呢？未来的服务将更多地依赖于人工智能、大数据和大模型。其逻辑与工业革命是一致的。正如安迪·沃霍尔所说的，工业革命实现了穷人和富人喝的每一罐可乐都来自同一条生产线，没有区别。而未来，我们要实现的是，每个人都能享受到具有针对性、个性化的服务。

在教育领域，人工智能的应用已经相当普遍。然而，目前的焦点主要集中在技术层面，即通过分析来判断学生的学习障碍并提供相应的解决方案。但学习的最大乐趣并非在于被动接受解决方案，而是在于主动面对挑战并跨越障碍。这一过程与玩家在游戏中的体验相似，他们通过不懈地尝试和努力，最终攻克难关。人类真正的成就感来源于解决问题的能力，这种快乐是无与伦比的。

因此，在孩子的教育上，我们不应该将人工智能作为帮助他们解决问题的工具，而是应该致力于培养他们独立解决问题的能力。人工智能的应用不应仅限于技术层面，更应关注教育的"道"的层面。这里的"道"指的是引导孩子们发现并热爱那些经过长期积累能够显著提升自我价值的事物。

寻找热爱的过程往往是漫长而曲折的。以著名网球选手费德勒为例，他从小就展现出对运动的热爱和出色的体能，尝试了各种运动项目。直到15岁，他才发现自己真正的热情所在——网球。从此，他全身心地投入网球训练，凭借对这项运动的热爱和执着，最终取得了巨大的成功。

未来，这样的工作模式将成为标准配置，我们之所以从事某项工作，并非仅仅因为它能赚钱，还因为我们热爱它。这种热爱需要有人帮助发现和引导，并通过提供知识和辅助来进一步发展，最终成为终生的事业。这份热爱将帮助我们培养出受益一生的能力，让我们在未来的世界中能够自信地应对各种挑战，成为我们安身立命之本。这才是教育的本质。

因此，教育的核心是在长期的陪伴中发现孩子的本质特征和终身热爱，帮助他们找到自己的价值所在。坦白说，这项任务更适合由人工智能来完成，因为人类缺乏这样的经验。

当所需的服务无法从外部获得的时候，我们不得不自我训练成为半吊子专家。比如，人们普遍渴望长寿，于是开始自行研究哪些食物有助于延年益寿。然而，这里存在一个问题：我们对长寿的知识存在很多误解，我们并不专业。

当下，我们常常听到这样的说法：教育应该是家长的责任，每个家长都应成为教育专家。然而，姑且不论教育的专业性有多强，即使家长成为最专业的教育者，他们也只教育了自己一个孩子，这种效率是极其低下的。为什么不让教师成为教育专家，而让家长配合呢？

未来，我们需要让专业的人做专业的事，如果在某个领域不够专业，我们可以寻求专业人员的帮助。例如，大家过去为了出行而买车，为了居住而买房，而在未来，我们将转变为购买服务：出行时选择通信服务与交通服务；有理财需求时购买理财服务。简而言之，在未来，专业级的服务将无处不在。

从这个视角出发，我们可以将提供信息这样的服务视为"软服务"。目前，硅谷正经历人工智能创业企业的蓬勃发展，其中一些企业仍然专注于基础研究，即大型模型的开发。然而，也有一部分企业开始显现出向智能体转变的明显趋势。

展望未来，智能体有望在多个专业领域实现专业化发展。例如，可能会出现专门负责健康管理、教育管理、财务规划以及购物协助的人工智能体。这些人工智能体不仅能够独立运作，还能够相互交流、协商，共同为用户提供一系列综合决策方案。在这个过程中，用户将扮演领导者的角色，在众多人工智能体提出的决策方案中做出最终选择。

未来：台式机械臂是下一个超级产业

在硅谷，有一部分人正在开发基于内容和语音语义互动的人工智能技术应用，而另一部分人则是在做基于实体活动的人工智能应用，比如通过机械臂来完成烹饪和按摩等实际操作。

随着机械臂技术与人工智能的结合，未来可能会诞生下一个像谷歌这样的行业巨头。这是因为机械臂的应用将变得无处不在，其数量甚至可能超过人类。机械臂将根据不同的应用场景进行专业化分工，如专门用于烹饪、洗衣或折叠衣物的机械臂，它们在设计和功能上将各有特色。尽管洗衣自动化已经实现，但折叠衣物的自动化尚未普及。相信随着视觉智能技术的加入，折叠衣物的自动化将很快成为现实。

只有当技术发展到一定水平，人类才能从繁重的劳动中解放出来，专注于自己真正热爱的事业，或者将个人经验与人工智能和机器人结合，为他人提供服务。这种能力的共享将促进社会的发展。

这里引述一个天堂与地狱的故事：地狱里摆满了美食，每个人都饿极了，但因为手中的长勺柄太长，无法将食物送入口中；而在天堂，人们用长勺互相喂食，从而都能享受到美食。这正是人工智能时代的目标——通过技术让我们从"地狱"走向"天堂"。

在工业革命时期，人们往往独立工作，无论是独自在家处理日常事务，还是在流水线上作为一颗螺丝钉，都缺乏互动和交流。但在数字革命和服务规模化时代，协作和互动交流成为常态，信任和协作程度的加深将使社会更加美好。

人工智能的发展依赖于两大基础：一是软件层面的人工智能技术，尤其是视觉智能技术；二是连接科研与产业的科学家群体。李飞飞作为人工智能领域的关键人物，她所负责的三维智能创业项目正是这一趋势的生动体现。

实际上，视觉智能的进一步发展就是三维智能。基于对三维环境的理解，当我们的手臂在空间中移动时，三维智能能够预测这些操作将如何改变环境，这对于执行烹饪和按摩这样的复杂活动是必不可少的。前文提到，现在许多科学家，特别是人工智能领域的科学家与产业界之间有着紧密联系。美国国家工程院院士李飞飞博士是人工智能领域的重要推动者之一。目前，她正投身于AI创业，致力于发展三维智能技术。我相信在未来两年内，该领域将实现重大突破。

另一方面，要挖掘三维智能的潜力，必须将其与硬件设备，特别是机械臂和机器手结合。我在深圳考察了许多机械臂的设计，值得一提的是，机械臂的设计涉及的技术领域是多元化的，不能简单地认为人工智能技术的强弱直接决定了机械臂设计的优劣。

然而，我相信只要我们紧跟人工智能的前沿发展，我们的机械臂技术就有可能达到世界领先水平，就像今天的大疆无人机一样，通过硬件与软件的紧密结合，将硬件的价值发挥到极致。

这不仅是中国的目标，也是马斯克所追求的。如果特斯拉能够将机械臂普及到世界每个角落，那么它可能会孵化出另一个像谷歌那样的巨头企业。

马斯克的野心是宏大的，但当我们深入理解这些野心背后的意义时，我们会发现这并非遥不可及的梦想。每个人都可以拥有这样的野心，实现这样的愿景，甚至成为下一个马斯克。

最后，让我们设想一下，未来，机械臂能够完成人类的工作，比如按摩、烹饪，甚至替代公司前台——在中国，公司前台的数量庞大，这一职业与外卖配送员相似，都缺乏明确的晋升路径和自我价值感，未来也充满了不确定性。要实现机械臂在这些领域的广泛应用，就需要解决机器人与人互动和情感交流的问题，而这正是汉森机器人技术公司（Hanson Robotics）正在做的事。它的机器人索菲亚（Sophia）是世界上第一个能够与人类进行表情互动的机器人。

第四部分

科技创新的未来

——从马斯克的经验中我们能学到什么

未来科技企业家：
谁是下一个马斯克

马斯克到底做了什么：谈科技企业家的职责

前文我们深入探讨了马斯克创业的天时、地利、人和这一大背景，以及马斯克的成就，包括他创立的已经取得成功的企业和正在走向成功、积极布局的企业。现在，我们来讨论两个与我们每个人息息相关的关键问题：我们如何能够像马斯克那样成功？如果我们要选择项目，我们能否像马斯克一样，准确地挑选出那些有潜力的项目，并将它们转化为现实，从而真正改变世界？

我们知道，尽管马斯克拥有计算机专业技术背景，但他所涉足的众多领域并不完全依赖于他在学校学到的专业知识。以电动车领域为例，他曾经因为缺乏制造技术知识而走过一些弯路。这说明，企业的CEO需要掌握将技术转化为产品并推动市场发展的普遍规律，而不仅仅是单纯掌握技术本身。

掌握这一规律的核心在于区分科研与研发的不同。科研是高校教授的工作，其首要目标是做到单项领先，例如研究如何提升电池的能量密度等。而研发则是企业的责任，其首要任务是将科研成果转化为实际可用的产品。因此，产品的成功不仅取决于技术的领先，还需要考虑价格、安全性、性能调优等多个方面。

因此，作为CEO，还需要掌握任务拆解和性能调优的通用法则。这一法则适用于多个领域。在电动车领域，它能改进特斯拉；在SpaceX，它能改进火箭。其规则是一致的：通过有效分解任务并优化各部分性能，推动产品的创新和改进。至于具体如何分解任务，则是CTO的职责。

此外，我们还需要明确"科学"与"技术"的区别。在国外，科学（science）和技术（technology）通常是分开讨论的。企业也被称为技术企业或技术公司，因为"技术"强调的是技术研发，"科学"的核心是科研。同时，每个人都有自己的专长，科学家和技术企业家的职责是不同的。科学家擅长科研，但并不一定能成功经营企业，而技术企业家则擅长将科研成果转化为实际可用的产品。

我们倡导积木式创新，在创新过程中，各个环节之间应该是接力棒式的关系。科学家完成理论突破后，技术企业家通过性能调优将理论转化为实际可用的产品。

在这一过程中，新技术需要经过性能调优，才能逐渐替代传统技术。因此，技术企业家需要具备对前沿技术的敏锐洞察力，以便在适当的时机进行布局。

积木式创新，顾名思义，是指将创新过程分解为多个模块化的环节，如同搭建积木一般，每一个环节的突破和进展都建立在前一个环节的基础之上。这种模式强调创新链条中各环节的衔接和协作，而非单打独斗。它的核心理念在于，将复杂的创新任务分解成若干相对独立、可复用的模块，每一个模块由不同的专业人才或团队负责，最终再将这些模块组合起来，形成一个完整的创新成果。

更具体地说，积木式创新可以分为以下几个关键环节：第一个环节是科学研究，这是创新的基石。科学家进行基础研究，探索新的科学原理，为技术突破提供理论依据。第二个环节是技术开发，技术企业家或工程师根据科学家的研究成果，将理论概念转化为可以实际应用的技术原型。第三个环节是性能调优，这个环节至关重要，技术企业家需要对技术原型进行不断地改进和优化，使其性能更加稳定、可靠、高效，并最终满足市场需求。第四个环节是商业化，经过性能调优的技术产品，需要通过合理的商业模式和市场推广，实现规模化生产和销售，最终进入市场，服务大众。每一个环节都有其独特的价值和挑战，而积木式创新则强调各个环节之间的有效衔接和协同作用。

在积木式创新模式中，不同角色承担着不同的责任，他们共同推动着创新进程。科学家专注于基础研究，发现新的科学原理；技术企业家负责将科学发现转化为可行的技术应用；工程师则负责具体的性能调优和产品开发；商业人士负责市场推广和销售。这种分工协作的模式，能够让他们充分发挥各自的优势，提高创新效率和成功率。同时，积木式创新也强调了创新过程的连续性和迭代性。每一个环节的成果都为下一个环节的进展提供了基础，从而形成一个正向反馈的循环。

与传统的封闭式创新模式相比，积木式创新更加开放和灵活。它允许不同领域的专家和团队参与到创新过程中来，共同解决难题，实现突破。这种模式不仅加速了科技进步，还促进了资源整合和协同发展。

可见，要想成为一名优秀的科技企业家，必须确保团队成员各司其职。科技企业家的主要职责并非直接从事科研工作，而是要通过性能调优，将技术成果转化为用户友好型产品，确保这些产品能够被社会广泛采纳。这不仅要求企业家对技术发展的最前沿有深刻的理解，还必须密切关注用户体验和市场需求。乔布斯推出iPhone时，不仅强调产品的高性能，还特别注重用户体验的细节，比如翻页时的流畅手感。IT工程师往往不会

优先考虑这些细节，但用户对此有着明确的需求，因此
乔布斯作为CEO会提出相应的要求。

因此，要想成为像马斯克那样的成功企业家，必须
精通技术发展的最新趋势以及技术产品化的普遍原则。
只有对这些前沿动态有了充分了解，才能做出明智的
决策。

社会化学习与群体加速创新

互联网的普及让线上社群遍地开花。如果你想知道
现在哪些线上社群正在讨论什么话题，你可以加入这些
社群。就像线下社交一样，你可以在其中崭露头角，被
他人认识，也可以结交到好朋友，甚至发现创业机会。
因为在网络社群中，人们因才华而相互欣赏，所以创业
时邀请彼此合作的情况屡见不鲜。线上社群更容易实现
专业细分，更容易找到属于你的圈子。

我相信未来的人应该致力于终身学习，特别是社会

化学习和线上学习。学习和工作本质上是不可分割的，因为我们学到的东西可以立即转化为创业的行动。

一个最典型的例子就是全球第二大加密货币以太币（ETH）的创造者维塔利克·布特林，他在很年轻时便通过参与数字货币社群，积累了丰富的相关知识，最终创造了这一重要的数字货币。因此我们可以认为，大量科技前沿的最新信息和知识都来自社群。

美国有一个著名的网站TED，其负责人克里斯·安德森提出了"群体加速创新"（Crowd Accelerated Innovation）的概念。他认为现代社会的进步取决于这一机制，即每个人都在为创新作贡献，并相互学习，彼此都得到提升，从而加快了整个社会的创新进程。

换言之，未来的创业者必须融入社群、参与各种圈子，学会在创业的同时不断学习和成长，因为这两者已经密不可分。学习与工作不再是完全独立的领域，只有这样，我们才能把握住行业前沿。

把握前沿只是第一步，更重要的是如何将其转化为实际成果。而实现这一目标有多种路径可以选择。这就要求企业家具备创新性的想象力，不被传统思想所束缚。以特斯拉为例，它选择先做纯电和高端车型，最后再回到能量产、价格相对较低的车型，从而占领市场。而中国的一些企业则选择了增程式或混动的路线。

很多传统的汽车制造商之所以无法生产电动车，就是因为其高管被旧观念束缚住了。因此，我们需要学会抛弃条条框框的束缚，用更开放的心态去面对挑战。简而言之，创业需要百无禁忌才能够成功。

在合法的范围内做"出格"的事

日本有一种叫"珍道具"的物品，我们称其为"无用的发明"。每年，日本都会举办这种发明比赛。虽然被称为发明，但你几乎不可能在现实生活中用到它们。

举个例子，我们知道当人们感冒流鼻涕的时候需要频繁地使用纸巾。于是有人设计了一款头盔，头盔上安装了一个支架，支架上固定着一卷纸巾。这样一来，我们流鼻涕时，就可以直接从头盔上撕下纸巾来擦拭。这听起来似乎很合理，但在现实生活中，没有人会真的这么做。但这个比赛并不以荒谬性或实用性为评判标准，它允许荒谬的存在。因此，它积累了大量的创意，虽然听起来很傻，但你可能会发现，某个创意如果触动了你，或许你就能创造出一个伟大的产品。

如今，中国正处于一个呼唤创意的新时代。我们需要跳出循规蹈矩的框架，重新培养一种无拘无束的创新精神。

日本的"珍道具"文化提倡自由发挥创意，虽然某些想法看似荒谬，却能有效激发人们的创造力。这也体现了企业家精神的一个重要方面——有时必须摒弃过多的限制。企业家不应仅满足于做一个墨守成规的"好人"，当然，这并不意味着要挑战法律或违背道德准则，而是在合法的框架内不断探索和尝试。

马克·扎克伯格就是一个典型的例子。他在大学一年级时就选择辍学创业，可以被视为一个"叛逆者"。在创业初期，他就勇于挑战传统的商业模式，并在某些方面表现出"反叛"的特质。例如，他曾经制作过印有 I'm CEO, Bitch字样的名片，这在当时的企业界无疑是一种挑衅，也是他对传统商业文化的一种戏谑式的挑战。这张名片不仅反映了扎克伯格年少轻狂的个性，也展现了他对自身角色的自信和掌控欲。它无疑给那些第一次见到他的投资者和合作伙伴留下了深刻的印象，这种印象可能褒贬不一，但绝不会平淡无奇。

除了名片之外，扎克伯格还用幻灯片（PPT）向投资者展示了"不应该投资Facebook的10个理由"。这份PPT的内容并没有详尽地披露，但它确实成为一个被广泛传播的故事。据传，这份PPT列举了包括"我们没有商业计划""我们不知道自己在做什么""我们的用户可能随时离开"等一系列"负面"因素，直接向投资者揭示了Facebook在初创阶段所面临的种种不确定性和风险。尽管如此，Facebook最终还是取得了成功，这归功于扎克伯格的无畏创新。

Facebook推出了一个叫"新闻源"（News Feed）的创新功能，可以将用户的动态转化为新闻，分享给其好友。这意味着，只要我关注了某个人，他所有的动态就会直接成为我的新闻源。在这项功能推出之初，围绕隐私保护的争议随之而来。当时Facebook大约有300万用户，推出该功能后，大约1/4的用户希望取消这一应用，认为它侵犯了隐私。如果是一个遵循常规的企业家，可能会尊重用户的意见，取消该功能。然而，扎克伯格作为一位"叛逆者"，坚信这一功能具有强大的用户黏性，因此坚持保留。他顶住了来自其他创业伙伴的压力，坚持自己的判断，而今天的Facebook已经证明了他的远见卓识。

在中国，曾有一个网站模仿Facebook并迅速崛起。起初，我看好这个作为中国首个复制Facebook模式的网站，认为它有望取得成功，因此主动提出为该网站的CEO免费提供业务和数据分析服务。然而，我的提议遭到了拒绝。他们认为，无须依赖数据分析，只要严格复制Facebook的模式，就能获得与Facebook相同的成就。每当Facebook推出新的游戏或应用，他们也会跟进推出类似的新应用。如果某个新应用的热度下降，他们就会将其下架。

后来，他们模仿News Feed的功能推出了"游戏源"（Game Feed），用于发布用户的游戏进展。显然，他们未能把握其核心，最后导致用户流失。News Feed之所以成功，是因为它能向用户推送好友的动态，让用户了解朋友们的最新活动。这迎合了人们爱八卦的天性。而Game Feed则仅仅展示了好友游戏的进展。有研究显示，人类天生爱八卦。在美国，人们喜欢聚集在饮水机旁交流八卦消息，这种现象被称为饮水机效应（watercooler effect）。在公司内部，如果有人消息灵通，能掌握八卦消息的源头，往往能在公司中获得一种特殊的地位。Facebook只是让人们意识到了这一点。

扎克伯格之所以成功，是因为他深知真实世界并不总是那么严肃，它包含了许多八卦元素。他之所以能够理解这一点，是因为他的"坏小子"特质。

因此，理解事物的本质至关重要。扎克伯格深刻理解了News Feed的本质，知道它不可更改。而那个模仿Facebook的中国网站未能洞察到这一点，即使模仿得再像，也无法取得同样的成功。

这也对我们企业家提出了新的问题：我们究竟应该追求什么？如果我们坚持遵守规则，可能会遇到重重困难；而一旦违法，法律的制裁是不可避免的。因此，我们必须学会在法律允许的范围内采取创新行动。

随着企业规模的不断扩大，如果创始人仍然保持"坏孩子"的形象，那么就可能损害自己的声誉。因此，企业家应当回归主流，以获得更广泛的认可和支持。

无论是扎克伯格、乔布斯还是马斯克，这些科技企业家在创业初期都曾不拘一格，因为这种态度有助于打破传统束缚。但随着时间的推移，他们都逐渐回归传统，甚至开始积极回馈社会。

因此，敢于挑战传统、发挥创意的阶段主要集中在企业初创时期，即在业务模式上寻求突破的关键时期。然而，随着企业的发展壮大，企业越来越需要团队合作和广泛认同，这就要求企业家回归传统和主流价值观。

全社会都应该关注的问题：如何培养更多的科技企业家

在时代和业务模式快速变革的当下，我们来探讨一个问题：为何日本这个曾经在科技领域遥遥领先的国家，如今却经历着衰退？

众所周知，日本从1990年开始，经历了所谓的"失落的三十年"。在此期间，其国内生产总值（GDP）几乎停滞不前。尽管其海外GDP（日本企业/资产海外收益）有所增长，但增长主要依赖于传统行业，例如汽车制造业。然而，从理论上讲，传统的汽车在未来10~20年可能会被电动汽车，特别是来自中国的电动汽车所取代。这意味着日本传统汽车制造业也将不可避免地走下坡路，从而加剧日本经济未来衰退的趋势。

日本曾经在技术领域占据领先地位，曾经风靡一时的索尼随身听（walkman），在当时是相当先进的产品。然而，为何它后来失去了往日的辉煌？原因很简单：整个行业发生了变化。随着科技生态化趋势的加强，科技创新变得愈发关键。创新不是内生的，而是外部驱动的，需要外部的合作与协调，因此，构建一个开放的生态系统变得至关重要。

尽管日本企业之间存在大量协作，但受到社会文化的影响，这些企业往往在封闭的环境中合作，缺乏开放协作的意愿。可以说日本的衰退部分原因在于其产业的封闭性限制了企业潜力的发挥。这就导致了日本的传统产业不可避免地被IT产业所取代。

相比之下，IT产业，包括人工智能、互联网（人类知识汇集）和移动互联网（人类行为数据汇集），都是开放型产业，它们需要企业建立开放的生态系统，以促进信息交流，并需要有人来引领方向，以推动产业生态的发展。然而，日本企业似乎难以做到这一点，而美国企业在这方面则表现得颇为出色。

中国企业也在积极探索构建开放生态。在中国的IT企业年会上，各企业会分享未来的发展理念和发展机会，并且逐渐出现了开放的API（应用程序编程接口），这些都是积极的发展方向。我相信，未来应该进一步发展这些开放生态。这些开放生态在未来有可能孕育出一批年轻时放荡不羁，但随着发展逐渐变得非常负责任的企业家。

因此，未来产业发展的显著特点之一将是"阳谋"的盛行，即领先企业主动分享自己的研究成果和发展方向，以引领整个产业的发展。许多人可能会质疑，企业家为何要花费大量精力和资金研究产业方向后，又愿意分享自己的成果。这是因为如果企业独立发展，没有产业生态的支持，将难以成长。例如，特斯拉就因为缺乏产业生态支持而发展遇阻，因此它需要将大量中国汽车引入墨西哥，以支持其在北美的生产。

因此，这一任务需要极强的内在动力。领先企业必须能够为产业指明方向，通过开放与共享，吸引更多的合作伙伴参与进来，共同促进产业的发展。

在博弈论中，这种策略被称作"智猪博弈"。想象一个场景：在一个房间里，食槽和控制猪食的开关被放置在相对的两端。猪圈里有一头大猪和一头小猪。如果小猪踩动开关，大猪会先吃，由于大猪食量大，小猪最终得到的食物将所剩无几；反之，如果大猪踩动开关，小猪就能吃到较多的食物。因此，在智猪博弈中，大猪踩开关是更合理的选择。

将这一理论应用于企业发展，就是前面提到的"阳谋"。领先企业应当承担起额外的责任，引领整个产业的发展方向。

简单来说，我想给大家带来一些安慰。过去，国内许多人曾提出疑问：中国如何能诞生1000个像乔布斯那样的创新者？中国的创业环境如何才能变得更好？然而，我们对那些不拘一格的人才以及社会的宽容度似乎还不够。那么，我们应该怎么办呢？

随着企业的发展，创业环境自然会逐渐改善，科技企业家也将越来越多。同时，未来的创业者在取得一定成就后，应当回馈社会，带动整个社会的进步。这是企业家应承担的社会责任，他们还需要有更远大的视野。

以马斯克为例，他是一位拥有宏伟愿景和开放心态的企业家。他在电动车和太阳能领域取得了显著成就，并将电动车的电池管理技术开放给他人使用。鉴于印度的严重污染问题，他曾与印度政府商讨，希望提供SolarCity的太阳能技术以减少污染。尽管最终未能达成协议，但他确实愿意分享自己的成果，并为此付出了努力。他的这种精神和做法为我们提供了宝贵的启示和借鉴。

我深信人与事业是相互成就的。在企业家塑造事业的过程中，事业也在塑造企业家。当企业家拥有更远大的愿景，并渴望引领众人共同实现这一愿景时，他们的事业便能蒸蒸日上。在这样的时刻，若能引导大家朝着正确的方向前进，整个社会亦将随之进步。

因此，身为企业家，除了掌握方法论，还必须具备信心，勇于打破常规，摆脱既定框架的限制，同时要对未来保持坚定的信念。当你为社会作出足够的贡献时，你也会成为一个更优秀的人。这才是经营企业的真正乐趣所在。

12

未来科技产业的机会：

解读马斯克，就是换个视角看科技企业

从马斯克的企业布局看今天的科技浪潮与风口

马斯克所从事的行业中蕴含着潜在的机会，我们可以尝试探索类似的方向。我并不认为开发机械臂与马斯克的项目存在冲突，尽管他在该领域已有布局，但我们的硬件实力同样强劲，最终谁将成为赢家尚未可知。我们无须对马斯克感到畏惧，他也有自己的局限性。

从宏观视角看，机会是无穷无尽的，我们没有必要只关注那些显而易见的机会。如果你能洞悉历史的规律，你会发现更多令人兴奋的机会，这些机会是专属于你的。

从理论层面看，我们之前已经讨论过，科技创新如同浪潮一般推进，每一次潮涌都标志着一次技术革命。这类技术的一个显著特点是，它们能在各个行业得到广泛应用，我们称之为通用型技术。例如，蒸汽机不仅推动了火车和轮船的发展，还为纺织厂或其他需要动力的场所提供了动力。同样地，人工智能技术也被广泛应用于各种智能互动场景。

因此，我们首先需要判断的是，当前是否正处于一个通用型技术的时代。雷军曾说："站在风口，猪都能飞起来。"这句话生动地阐述了创业时机的重要性。科技创新遵循周期性的规律，学会利用这一周期规律至关重要。只有顺应周期规律，才能获得更多的投资支持。

对于投资者而言，如果某个行业正处于风口，那么未能参与其中将被视为投资者的失误。如果投资者选对了赛道，却没有选对投资对象，这可能是因为投资者能力不足。但如果投资者根本就没有参与投资，那就是心态问题了。风险投资者更愿意在热门的行业赛道上布局，因此，创业者必须学会捕捉这些行业风口，这样才能获得更多的支持。那么，当前的行业风口究竟是什么呢？

许多人认为目前的行业风口是人工智能生成内容（Artificial Intelligence Generated Content，AIGC），但如果仔细分析马斯克的项目，我们会发现他并未涉足AIGC领域。从理论上讲，如果要做AIGC项目，推特可能是最接近的，但马斯克利用推特数据的目的并非为了生成内容，而是为了提供一种服务，即人工智能生成服务（Artificial Intelligence Generated Service，AIGS）。这种服务可能是为股票交易、证券市场，甚至是美国政客设计的。

因此，我认为这个时代的风口不是AIGC，而是AIGS。因为数字革命与工业革命有相似之处，即实现规模化生产。只不过数字革命规模化生产的不是实体产品，而是人类的经验。这些经验可以与个人进行一对一的交互，从而提供个性化服务。如果能实现数字革命的规模化生产，之前无法普及的个性化服务现在就有了普及的可能。

在这个时代，真正的机遇在于智能服务。智能服务具有4个特点：专家级、个性化、普惠性、长期持续性。这4个特点在以前是难以同时实现的，因为如果依靠人力去实现，需要大量的专家，而这些专家也需要服务，从而形成了一个无法破局的循环。但人工智能作为专家，是可以复制的，这使得这个循环被打破。

将智能服务视为产品的独特卖点，才能发掘出潜在的机会。从这个视角出发，我们可以探讨哪些服务是专业化的，并且能够提供个性化的一对一的长期支持。唯一的问题在于，这些服务原本难以实现普惠，而这正是人工智能需要解决的问题。现在，我们需要将专家的经验融入人工智能，实现普及化，从而抓住成功的机遇。

在2023年的AI创业营里，一位参与者向大家介绍了他的业务，他的公司利用自身积累的海量数据——包括问题描述和相关照片——来诊断疾病，并开具药方。通过训练人工智能，他成功开发出一个人工智能兽医系统，专门为那些无法负担专业兽医服务的小牧场提供援助服务。更让我印象深刻的是，这项服务是完全免费的。因为他通过销售药物来盈利，而不是通过服务收费。通过这种方式，他能够吸引并留住客户。这充分证明了，通过专家经验训练的人工智能不仅能够满足上述4个需求，而且还能实现普惠。

这个案例非常典型，它启示我们，要利用专业知识为他人提供服务。如何将这些专业知识沉淀并转化为可扩展的服务，是一个值得深入研究的课题。

再比如，海银资本投资了一家叫作Hanson Robotics的公司，这家公司最知名的产品是机器人Sophia。它大概拥有14台这样的机器人，算是实现了小批量生产。然而，由于这些机器人的外观完全相同，大众往往误以为它们是同一台机器人。之所以Hanson Robotics制造外观一致的机器人来提供服务，是因为它想让这样的机器人成为公司服务的标志性形象。

以肯德基为例，其品牌形象便是亲切的肯德基爷爷。不论在哪个城市，这一形象始终如一，深入人心。设想一下，如果肯德基爷爷化身为机器人，对顾客的偏好和顾客过往光顾的店铺了如指掌，那么无论顾客踏入哪家分店，都会有宾至如归的感觉。

更重要的是，这可以解决客服领域长期存在的一个难题，即经验无法沉淀的问题。资深客服人员懂得如何与客户互动，并且能够与重要客户保持良好的关系，但这些经验和关系无法被保留下来。然而，借助人工智能，我们就可以记录与客户互动的所有资料和数据，通过分析，进一步提升其互动能力。

人工智能不仅解决了客户资料留存的难题，还能确保客户信息能够及时更新。假设我们推出了新产品或新服务，我们需要确保每位客服人员都能掌握这些信息。这就需要培训，然而，人类信息传递效率低下，要让所有客服人员精通业务知识，往往需要投入大量时间和精力。相比之下，如果这一过程由机器人完成，仅需通过空中下载技术（Over-the-Air Technology，OTA）上传数据，机器人便能迅速掌握新业务知识，这样它就能及时向用户介绍，从而降低了时间成本，提高了工作效率。

我相信，在未来世界中，包括博物馆导游在内的许多角色都将被机器人取代。这是因为机器人能够快速学习和进化，并且能够提供规模化服务。

因此，在审视科技产业的机会时，我们不能将其视为静态不变的。科技产业的机会是动态的，我们需要持续观察和评估，尽可能准确地界定其能力边界。即便目前看来技术能力似乎有限，但如果能预见其在未来两年内将达到比现在更高的水平，那么现在投入就是值得的。因为当所有人都意识到这是一个机会时，只有那些提前做好布局的企业才能脱颖而出，进而淘汰传统技术，推动技术的广泛应用。

总的来说，技术企业的发展遵循加速周期。在初期，进展可能缓慢，因为性能尚未全面提升，公众接受度较低。但随着技术的进一步发展，形成马太效应，公众接受度提高，其发展速度也会加快。这正是科技产业的规律，也是企业家需要把握的重要机遇。

从导入期到展开期：科技进入社会的两大阶段

人工智能是未来的趋势，但我们也不能忽视其他领域的发展。

以苹果公司的Vision Pro为例，尽管它未必代表未来，但它为市场树立了一个标杆，促进了竞争与创新。

当你打造出一款定价很高的卓越的产品时，竞争对手能通过学习你的产品来提升自己，并能提供更低廉的价格。Vision Pro的竞争对手，就是Meta的VR和AR设备。

从最初的Quest，到后续的Quest 2，再到现在的Quest 3，其发展速度之快不容小觑。Meta Quest的目标直指苹果的Vision Pro。考虑到Quest的价格大约600美元，而Vision Pro则高达三四千美元，我们拭目以待，看看最终谁将胜出。

凭借价格优势和快速迭代的策略，Quest正在逐步追赶甚至有望超越苹果Vision Pro的性能。

原本，如果苹果能像乔布斯时代那样，将产品价格定在600美元，可能会形成类似今日智能手机市场中苹果与安卓并存的局面。然而，苹果并未采取这种策略。未来，Meta的VR和AR设备可能会占据巨大的市场份额，而苹果则可能无意中为竞争对手铺平了道路，因为它向Meta展示了什么是优秀的产品。过去，Meta的产品在设计上存在许多不足，而苹果的产品设计无疑是值得称赞的。遗憾的是，过高的定价策略可能已经使苹果错失了良机。

人工智能、VR、AR、机器人技术以及自动驾驶，都是充满机遇的领域。当这些机遇来临时，我们需要思考如何将它们应用到自己的行业中去。

通用型技术进入社会并非一蹴而就，而是通常分为两个阶段：导入期与展开期。在导入期，新技术往往需要在特定的领域或应用中探索其使用方式。比如AlphaGo在围棋领域中战胜李世石，自动驾驶技术的初步应用取代了司机，以及能够生成文字、图片、视频的生成式人工智能，都是在应用中不断探索更多功能。

进入展开期，这些技术开始在不同的行业中应用。如果私家车能够实现自动驾驶，那么在矿区或机场这些场景，自动驾驶技术同样可以得到应用。这种技术的转移相对容易，因为它只需要把现有的业务模式复制到特定的新场景中。

导入期与展开期之间存在着内在的联系。首先，导入期依赖于风险投资。因为在这一阶段选择正确的行业至关重要。如果行业选择失误，企业可能无法成功起步。在这种情况下，风险投资依赖于概率，通过承担高风险以期获得高回报来实现收益。

但是，一旦进入展开期，行业标杆已经确立，可以参考现有的成功企业案例，风险显著降低。在这一阶段，产业投资代替风险投资成为主导。

当前，中国风险投资领域出现了青黄不接的现象。原因主要有二：一是退出机制尚不明朗；二是未来高风险、高回报的投资机会减少，而许多低风险、低回报的投资机会未被充分利用，导致市场出现断层。因此，我们需要思考如何更好地推动产业应用、引入产业投资。

产业投资与风险投资的区别在于，产业投资不以退出为目的，追求的是长期回报，而风险投资则必须退出。产业投资类似于美国的巴菲特基金，投资完成后，基金的价值体现在所持有的股票价值上。投资者购买基金，实际上是在购买基金所投资的股票，无须变现即可长期持有。

巴菲特的投资之所以回报率极高，是因为他的投资周期长。任何投资标的如果仅投资三五年，回报周期自然不长。但如果投资期限达到30年，回报周期被拉长，收益也就呈指数级增长。随着时间的推移，这种指数效应愈加显著。

巴菲特说："人生就像滚雪球，重要的是找到那条又湿又长的雪道。"现在，这条"又长又湿的雪道"就是人工智能。人工智能在各行业的应用既安全又可靠，且回报丰厚。因此，我们需要研究其他行业的模式，思考如何将这些模式引入我们自己的行业，从而真正捕捉到行业中的机会。

AlphaGo的胜利表明专家经验是可以被复制的。它预示着未来，即便是初学者也能接受顶尖高手的指导。一个刚开始学围棋的孩子，就可以得到聂卫平这样的大师级人物的指导。更进一步，他们可以向那些能够轻松击败聂卫平的围棋程序学习。韩国正是这样做的。自从AlphaGo战胜李世石之后，韩国棋院开始利用人工智能进行教学，从此培养出了一批在人工智能辅助下训练的棋手。这些棋手虽然无法战胜人工智能，但在对战人类对手时，他们几乎战无不胜。

我们不能将人工智能视为对手，而是应该借助人工智能来超越其他人。因此，人机结合的异构计算正是未来的发展趋势。

前文我们已经讨论过，智能服务的商业模式未来充满机会，关键在于分析智能服务的4个特点，即专家级、个性化、普惠性、长期持续性，并探索这些特点是否可以扩展到其他领域。

至于扩展的可行性，实际上我们有明确的判断标准。

第一，是否拥有独特的数据资源。这些数据资源不一定是独家的，但必须能够被独立发掘、计算并有效利用，以提升服务的专业性。

第二，基于数据训练的服务是否能够超越人工水平，实现真正的专业性。如果在某些领域的服务经过长期探索和应用后发现效果不佳，那么就需要考虑更换领域，因为不同领域之间存在差异。

第三，服务是否具有普遍需求。如果服务需求广泛，并且人工智能的服务水平很高，那么我们可能就找到了一个创业机会，这时就需要把握住机遇。

幸运的是，我们所处的时代充满了机遇。一方面，我们正处于技术革命的导入期与展开期之间。导入期伴随着高风险，成功并非必然。而进入展开期后，尽管发展逐渐成熟，但各行业的机遇往往已被抢占。目前，我们正处于两个阶段之间，这意味着尽管技术尚未在各行业中得到广泛应用，但已有成功案例可供借鉴，关键在于研究如何将这些案例应用到自己的行业中。上文中提到的虚拟兽医就是一个很好的案例。

但另一方面，在导入期与展开期之间，出现泡沫破裂的可能性也较高。这是因为，在导入期，人们对机会的敏感度不足，但随着行业的发展，人们会变得盲目自信，认为技术能够改变世界。然而，技术尚未完全进入展开期，未实现广泛的扩展，因此在经济上并未产生预期的效益，最终导致泡沫破裂。

英籍委内瑞拉学者卡萝塔·佩蕾丝在其著作《技术革命与金融资本：泡沫与黄金时代的动力学》中对此有所阐述。她指出，1929年爆发的大萧条实际上源于20世纪20年代人们对科技收益的过度乐观，这导致了一系列金融政策的失误，而这些失误未能得到及时纠正。直到"二战"后，美国才真正跨越了导入期与展开期之间的鸿沟，进入了高速发展的展开期。这也解释了为何从1945年开始到20世纪70年代初，美国经济实现了高速发展，同时贫富差距有所缩小。

在技术革命的导入期，只有少数人能够利用技术获利，这会导致贫富差距拉大。但随着展开期的到来，技术将为更多人带来利益，贫富差距有望逐步缩小。

因此，从宏观趋势到具体产业应用，未来都是充满希望的。

当前阶段，我们需要积极尝试，因为一切成就都源于尝试。即便是像马斯克这样的企业家，也不是天生就无所不知。他在创业初期也犯过许多错误，但正是通过积极尝试、不断总结经验，并与合作伙伴共同进步，最终才取得了成功。

中国：全球科技创新的护航者

当前的中国正处于一个极佳的发展时期。

机器人技术将成为中国的重大机遇，这得益于中国强大的硬件制造能力。我在深圳看到了很多设计既美观又前卫的机械臂。相信中国未来极有可能孕育出主流的机器人和机械臂技术。

除了宏观机遇，即人工智能在各行各业的普及和应用之外，我们还拥有其他竞争对手难以匹敌的特定优势。

前文提到的富士康将工厂从印度迁回中国就是一个很好的例证。这凸显了中国制造在"复杂产品的大规模开放制造"方面的不可替代性。这种制造需求主要服务于创新产品，它们通常需要复杂且大规模的定制化生产，而中国是目前唯一能满足这一需求的国家。

以Sophia人类表情机器人为例，它的制造过程复杂，其皮肤材料做到了与人类皮肤极为相似，需要在关键部位安装马达，以实现表情变化。然而，美国团队最初只能在实验室手工制作少量样品，无法实现大规模生产。于是他们与深圳的代工企业合作，经过3年的努力，终于实现了量产。目前，他们正在寻找客户，一旦达到一定的客户数量，便能迅速扩大至数百台甚至数千台的生产规模。

可以说，中国是全球科技创新的"护航者"，特别是在硬件领域。没有中国人的支持，全球科技创新的成功率可能会大幅降低。只要我们善于利用我们的优势，认识到我们的价值所在，并与科技前沿领域最有价值的企业合作，就能取得成功。不妨试想一下，如果当初不是特斯拉来中国建厂，而是中国企业家主动与特斯拉合作，在中国建立工厂，那么极有可能会获得丰厚的回报。

在本书的最后，让我们再次回望马斯克的辉煌成就。从他的创业历程中，我们可以看到科技创新成功所需的天时、地利、人和，也可以看到科技发展的基本规律。

把握创业机遇并不仅仅依赖于宣传广告或吸引投资。最重要的是要挖掘机遇的核心所在，明确你的"撒手锏"是什么。换言之，就是要深刻理解科技创新的本质所在，在科技的最前沿、在潮流涌现之际，发现并构建独特的业务模式，从而放大科技的优势。如果能迅速发起"闪电战"，就有可能成为这个时代的佼佼者。

希望每个人都能打出属于自己的"闪电战"。